COSIMA BELLERSEN QUIRINI

Celler Geheimnisse

SPANNENDES AUS DER RESIDENZSTADT
MIT KENNERN DER STADTGESCHICHTE

Bellersen Quirini, Cosima
Celler Geheimnisse – Spannendes aus der Residenzstadt – mit Kennern der Regionalgeschichte

CELLESCHE ZEITUNG in Kooperation mit:
Bast Medien GmbH, St. Ulrich-Str. 11, 88662 Überlingen (verantwortlich)
1. Auflage 2023
ISBN: 978-3-946581-95-6

Lektorat: Kerstin Schumacher
Covergestaltung: Melanie Kunze
Layout: Melanie Kunze
Grafik: Open Street Map
Satz: Melanie Kunze
Druck: Mohn Media Mohndruck GmbH, Gütersloh

Ein Titel der preisgekrönten Reihe *Geheimnisse der Heimat*

Inhalt

Vorwort

Liebe Leserinnen, liebe Leser!

Städte sind faszinierende Strukturen. Sie sind nicht nur ein geografischer Ort, an dem Menschen zusammen leben, sondern sie existieren auch in der Zeit: Ihre meist lange Geschichte legt Schicht um Schicht Gebäude und Ereignisse aufeinander, die mal mehr, mal weniger im Erscheinungsbild und im Gedächtnis der Stadtgesellschaft verankert sind und jeder Stadt einen unverwechselbaren Charakter geben.

Zum vielschichtigen Bild einer Stadt gehört neben offiziellen Daten und Ereignissen auch der vielstimmige Chor der erzählten Geschichten und Anekdoten zu Personen, Orten oder Begebenheiten. So läuft man beispielsweise täglich daran vorbei, ohne die besondere Bedeutung einer Straßenecke zu beachten, aber es gibt Bürgerinnen und Bürger, die damit verbundene Geschehen kennen, die in keinem Geschichtsbuch und keinem Reiseführer stehen.

Die Autorin Cosima Bellersen Quirini hat es sich zur Aufgabe gemacht, diese „Geheimnisse“ zu sammeln und in einem Buch zusammenzustellen. Auf ihrer Suche nach dem Verborgenen haben ihr viele Ortskundige geholfen. Sie zeigten ihr erdgeschichtliche Relikte, antike Objekte und Zeugnisse bedeutender Epochen oder teilten Geschichten aus der Heimat, die vielerorts in Vergessenheit geraten sind. Lernen Sie nun auch die Celler Geheimnisse kennen, die Sie tiefer in die Geschichte(n) der Stadt einführen.

Ich wünsche Ihnen viel Vergnügen beim Schmökern!

Eva Maria Bast
Verlegerin / Geschäftsführerin Bast Medien GmbH

Die Autorin

Cosima Bellersen Quirini: Die Kulturhistorikerin lebt seit 1987 in der niedersächsischen Residenzstadt Celle, die ihr längst zur zweiten Heimat geworden ist, schließlich stammt sie ursprünglich aus Südbaden.

Zu Celle und dem Landkreis hat sie schon einige Titel veröffentlicht, zudem ist sie als Gästeführerin tätig und freut sie darüber, wenn sie die Schönheiten, aber auch das Besondere und das Wissen über die alte Welfenstadt mit anderen Menschen teilen kann.

Einhorn

Fabeltier am Celler Schloss

Ein Einhorn ist nicht gerade das, was an einem ehrwürdigen Schloss, dessen Anfänge ins 13. Jahrhundert zurückreichen, unbedingt zu vermuten ist. Und im kühlen, doch eher sachlich konnotierten Norden schon mal gar nicht. Und bei den angeblich staubtrockenen Heidjern ja eigentlich erst recht nicht. Aber doch, ja, in Celle ist gleich mehrfach ein Einhorn zu entdecken – etwa jeweils direkt über dem linken wie rechten Schlossportal. Und nun fängt das Rätselraten auch schon an. Die welfentreue Bewohnerschaft der Stadt und ebenso versierte Gäste wissen natürlich, dass damit Insignien der einstigen königlichen Macht abgebildet sind, genau gesagt das Wappen der Könige von Hannover, die bis 1866 in Hannover regiert haben. Doch wie ist da das Einhorn zu verorten?

„Dazu muss man etwas tiefer in die Geschichte blicken, denn über ein Jahrhundert, von 1714 bis 1837, waren die Kurfürsten und Könige von Hannover in Personalunion zugleich auch die Könige von Großbritannien und Irland."

„Dazu muss man etwas tiefer in die Geschichte blicken", erläutert die Leiterin des Residenzmuseums, Juliane Schmieglitz-Otten, „denn über ein Jahrhundert, von 1714 bis 1837, waren die Kurfürsten und Könige von Hannover in Personalunion zugleich auch die Könige von Großbritannien und Irland. Eine lange Geschichte, die in Bezug auf das Einhorn in Schottland beginnt."

Eigentlich reicht sie sogar bis ins 12. Jahrhundert zurück, denn seitdem ist das oft silberfarben gezeigte Einhorn als Wappentier bekannt. In der Heraldik steht es für Reinheit, Schönheit, Tugendhaftigkeit und königliche Rechtsprechung, für die Schotten aber insbesondere für Kraft, Stärke und Freiheit. Bereits im Mittelalter fand das Fabeltier besondere Verehrung. Die Menschen glaubten

Juliane Schmieglitz-Otten hat sich extra auf die Leiter gestellt, um auf das Einhorn hinzuweisen.

damals, es hätte heilende Kräfte und könne zum Beispiel vergiftetes Wasser reinigen. Mit seinem Horn – in Wirklichkeit waren es Stoßzähne anderer Tiere – wurde daher reger Handel betrieben. Die schottischen Könige führen das Einhorn seit Jakob III. (1451-1488) in ihrem Wappen. Und als die beiden über Jahrhunderte zerstrittenen Länder Schottland und England Frieden schlossen und sich, besiegelt durch den Act of Union, 1707 zum Königreich Großbritannien vereinigten, fand das Tier den Weg ins Wappen der britischen Monarchie und fungiert nun darin, hoch aufgerichtet und goldbewehrt, zusammen mit einem imposanten goldenen Löwen, als Schildhalter.

Und nun kommt Celle ins Spiel, denn die Celler Welfengeschichte ist mit England eng verknüpft. Als die letzte Königin aus dem Haus Stuart, Anna, 1714 verstarb, bestand der sogenannte Act of Settlement, der besagt, dass die Thronfolge in England protestantisch besetzt werden muss. Der Einzige, der dafür weit und breit infrage kam, war Georg Ludwig (1660-1727), Kurfürst in Hannover, mütterlicherseits ein Stuartnachfahre und der Schwiegersohn und Neffe des letzten Celler Herzogs. Er bestieg als Georg I. den englischen Königsthron und begründete damit eine Personalunion zwischen Hannover und England, die 123 Jahre lang währte. Im folgten sein Sohn Georg II., sein Urenkel Georg III., sein Ururenkel Georg IV. und schließlich dessen Bruder Wilhelm IV. Die Brüder verstarben ohne rechtmäßige Nachkommen und die Thronfolge musste schließlich aufgeteilt werden, denn in Hannover verbieten die salischen Hausgesetze eine weibliche Thronfolge. In England übernahm ihre berühmte Nichte Victoria die Königskrone, in Hannover indes wurde ein weiterer Bruder inthronisiert: Der bereits 66-jährige Ernst August, der schon Vizekönig war, übernahm das einstige fürstliche Amt und wurde somit Nachfolger des verstorbenen Bruders und König in Hannover.

„Das schottisch-englische Einhorn wurde auch nach dem Ende der Personalunion im hannoverschen Wappen weitergeführt."

„Das schottisch-englische Einhorn wurde auch nach dem Ende der Personalunion im hannoverschen Wappen weitergeführt, verweist Juliane Schmieglitz-Otten auf die jüngere Welfengeschichte. „Und als Ernst August in der ersten Hälfte des 19. Jahrhunderts Umbaumaßnahmen am Celler Schlosses veranlasste, fand auch das Fabeltier dorthin seinen Weg. Seitdem ziert es die beiden Portale an der Ostfassade und

Bestandteil des königlichen Wappens in Hannover und Großbritannien: das schottische Einhorn.

erzählt ein klein wenig von der bedeutenden Verbindung Celles mit dem britischen Königshaus.“

Ganz nebenbei: Als Queen Elisabeth II. im September 2022 verstarb, musste ihr Leichnam von Schottland zum Buckingham Palace transportiert werden. Die Überführung lief unter dem Codenamen „operation unicorn“.

So geht's zum Einhorn:

Es findet sich am Schlossplatz, an den Portalen der Ostfassade.

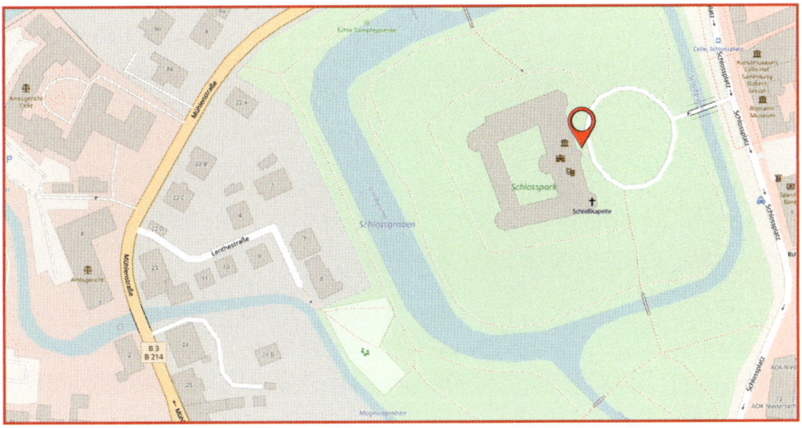

VONGOTTESGNADENFRIERICHHERZOGZVBRAVNSWIGB

02

Balken

Von Gottes Gnaden

Den Spruch „sich einen Schnitzer erlauben“ kennt eigentlich jedermann. Aber was bedeutet er tatsächlich? In Celle kann das Geheimnis gelüftet werden, denn hier ist deutlich sichtbar, welchen Ursprung diese Worte haben – und das in einer der schönsten Gassen im Ort: der Kalandgasse, benannt nach einer einst hier ansässigen wohltätigen Bruderschaft. Hier stehen die Fachwerkhäuser des 16. und 17. Jahrhunderts dicht an dicht und durch die sogenannten Vorkragungen wirkt je-des Haus nach oben hin ein wenig größer. An einem davon ist ein sehr ungewöhnlicher Schriftzug erkennbar, hier ist zu lesen: *VON GOTTES GNADEN FRIERICH HERZOG ZU BRAUNSWIG.*

Was wohl damit ausgedrückt werden soll, wenn jemand an sein Haus diese Worte schnitzen lässt? Hatte da ein Bauherr Probleme mit der Kälte, oder wieso sollte man sonst den guten Friedrich als Frierich darstellen? Oder dem Herzog? Oder beidem? „Die plausibelste Erklärung dafür: Früher waren die wenigsten Handwerker des Lesens oder Schreibens mächtig“, beginnt Gästeführer Jürgen Matschiowalli die Geschichte zu erzählen, „dennoch hatten manche mit Buchstaben zu tun.“ Der ein oder andere Arbeiter musste etwa Holzbalken beschreiben und Worte, ja ganze Sätze an den Holzbalken herausarbeiten. „Da konnte es schon passieren, dass auch mal Buchstaben vergessen oder aus Platzgründen eben einfach weggelassen wurden“, sagt Matschiowalli. „Und dann hieß es eben, derjenige habe sich ‚einen Schnitzer erlaubt‘, also einen Fehler gemacht.“ Denn der Herzog hieß natürlich FRIEDRICH IV. von Braunschweig-Lüneburg (1574-1648) und regierte das Land von 1636 bis 1648.

„Die plausibelste Erklärung dafür: Früher waren die wenigsten Handwerker des Lesens oder Schreibens mächtig.“

Aber es gibt durchaus noch andere Erklärungsmodelle, weiß Jürgen Matschiowalli und berichtet hierzu von der

Jürgen Matschiowalli zeigt auf den dicken „Schnitzer“ inmitten der Altstadt.

unseligen Rolle des Celler Herzogs als Gesandter beim Westfälischen Frieden, der 1648 den Dreißigjährigen Krieg beendete. Möglicherweise war dessen Position dem Besitzer ein Dorn im Auge, weswegen der Schnitzer möglicherweise ganz absichtlich zustande kam?

„Friedrich entließ das damals aufgebaute, stehende Heer mit etwa 4.000 Mann. Was bei den Verhandlungen im Rahmen des Westfälischen Friedens zu erheblichen Nachteilen für das Fürstentum führte, so auch zum Verlust der zuvor eroberten Bistümer Hildesheim und Minden. Die Bevölkerung nahm ihm das übel“, resümiert der Gästeführer. „Unter ihnen war ja vielleicht auch der damalige Bauherr.“ Und er hat noch eine weitere Idee dazu: „Möglicherweise war Friedrich ja auch selbst der Bauherr, oder jedenfalls mit Zahlungen an Handwerker für ein von ihm beauftragtes Objekt säumig und mit entsprechenden Geldbeträgen im Rückstand. Aus Rache musste er dann wohl künftig frieren“, spielt der Geschichtskenner schmunzelnd auf den groben Schnitzer an.

Liegt hier nun ein Schreibfehler vor – oder sollte der Satz eine frostige Rüge oder gar eine Mahnung sein? Keiner weiß es mehr genau.

So geht's zum Balken:

Von der Seite der Stadtkirche aus in die Kalandgasse einbiegen, nach wenigen Metern ist der Hausbalken rechts zu sehen.

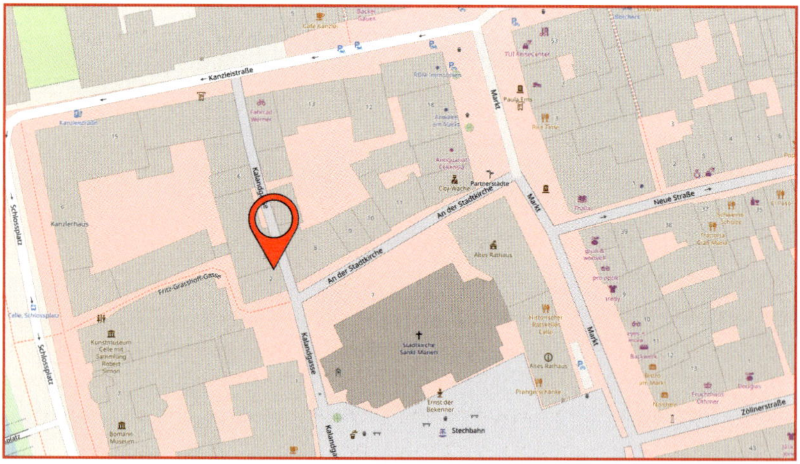

Stadtführer Klaus Waschkewitz hält besonderes Baumaterial in seinen Händen: Raseneisenstein.

Fundament 03

Ein Stein, der keiner ist

So oft gesehen, doch nie beachtet … Im Boden vor der altehrwürdigen Gaststätte „Ratskeller“ ist eine Glasscheibe ins Pflaster eingelassen, die nachts sogar beleuchtet und etwa einen halben Meter tief und einen Meter breit ist. Der Blick durch die Scheibe in die Tiefe offenbart ein altes Fundament, das direkt unter dem Pflasterniveau erkennbar ist und einige Meter nach unten ragt. Und das wurde mit einem ganz besonderen Material erbaut: Mit Raseneisenstein, der im geologischen Sinne gar kein Stein ist! Vielmehr handelt es sich dabei um zunächst lockeres Sediment im Boden, etwa Sand, Ton, Schluff oder auch Kies. Erst nachträglich verfestigt sich das Material, sodass es zum Bauen genutzt werden kann.

Was es mit dieser besonderen Materie auf sich hat, weiß Klaus Waschkewitz: „Als Raseneisenerz werden die durch hohe Eisengehalte gekennzeichneten Verfestigungen in Grundwasserböden, etwa in Gley, Lehm oder Ton, bezeichnet“, erklärt der Celler Gästefüh-

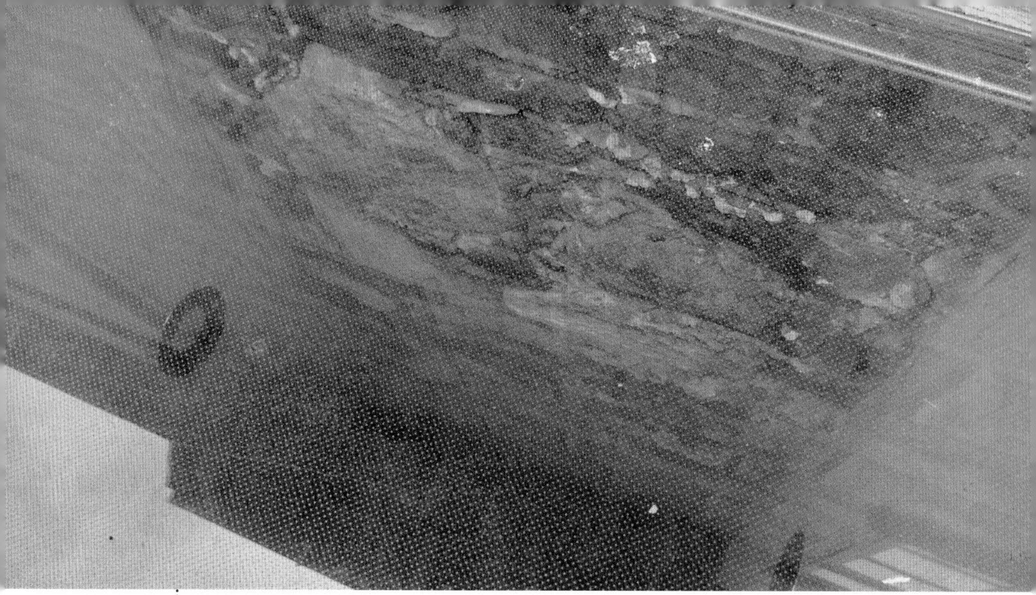

Durch die Glasplatte ist das Fundament gut zu erkennen.

rer. „Die Eisenkonzentration liegt bei 20 bis 40, teilweise sogar bei bis zu 70 Prozent." Der Mensch nutzte den Abbau des „Steins", der auch als Sumpferz bekannt ist, bis in die Moderne. In Verhüttungsanlagen, sogenannten Rennöfen, wurden die Erze ausgeschmolzen und die unbrauchbaren Schlackenreste auf Hügel geworfen, die zwar im Laufe der Jahre von Gras überwuchert wurden, aber doch sichtbar blieben. Besonders gut ist das auch auf einem Areal bei Wietze nahe Celle zu sehen. Hier erinnert zudem eine historische Waldschmiede an die Verhüttung.

Das Gestein, das keins ist, kommt weltweit in gemäßigten Breiten vor, aber besonders in feuchten und sumpfigen Niederungsgebieten, sprich in den nördlichen Gegenden Europas. Hier entstanden regelrechte Raseneisenerzlagerstätten nach der letzten Eiszeit, also vor mehr als 10.000 Jahren.

Den meist dicht unter der Grasnarbe schlummernden Stein haben schon die Kelten, Germanen und Wikinger ausgegraben und zur Gewinnung von Eisenerz genutzt. Eisen wurde in vielfältiger Weise gebraucht, etwa für Werkzeuge. „Die Bezeichnung Raseneisenstein rührt übrigens daher, dass dieser leicht mit Spaten und Hacke gewonnen werden kann", weiß Waschkewitz.

Noch im Zweiten Weltkrieg wurden in der Schwerindustrie, beispielsweise im Ruhrgebiet, die Vorkommen als Ersatz für die mittlerweile verwendeten reicheren Eisenerze verhüttet, die dem Raseneisenstein später gewichen waren. Heute gilt das Material in

Deutschland als überwiegend abgebaut. Doch manche Gegenden können noch immer damit aufwarten. Allerdings sind die Restvorkommen allerorts in Deutschland wegen ihrer Seltenheit und natur- und kulturgeschichtlichen Bedeutung unter Schutz gestellt.

Bis ins 16. Jahrhundert hinein wurde Raseneisenstein indes auch als Baumaterial genutzt. „Er fand Verwendung für Fundamente und Mauern von Gebäuden, vor allem bei Kirchen und Klöstern, denn das metallreiche Material ist relativ mürbe und weist nicht nur eine sehr geringe Verwitterungsresistenz auf, sondern ist durch seine Poren zudem ein guter Wärmedämmer", weiß Klaus Waschkewitz weiter zu berichten. „Im Landkreis Celle sind nicht nur das Fundament des Rathauses, welches im 14. Jahrhundert erbaut wurde, sondern noch weitere Gebäude, bei denen zum Bau Raseneisenstein verwendet wurde, zu finden – beispielsweise der Wehrturm des Celler Schlosses oder die mittelalterliche Klosterkirche in Wienhausen."

Vorkommen und Nutzung wurden übrigens vielerorts auch namensgebend, so etwa auch in der Nähe von Celle für den Ort Isernhagen bei Hannover, denn „isern" heißt nichts anderes als „eisern".

So geht's zum Fundament:

Es ist in der Altstadt, Markt 14, rechts neben dem Eingang zum Restaurant zu finden. Leider ist die Glasplatte in der kühlen Jahreszeit meist abgedeckt, aber die Plane ist leicht anzuheben.

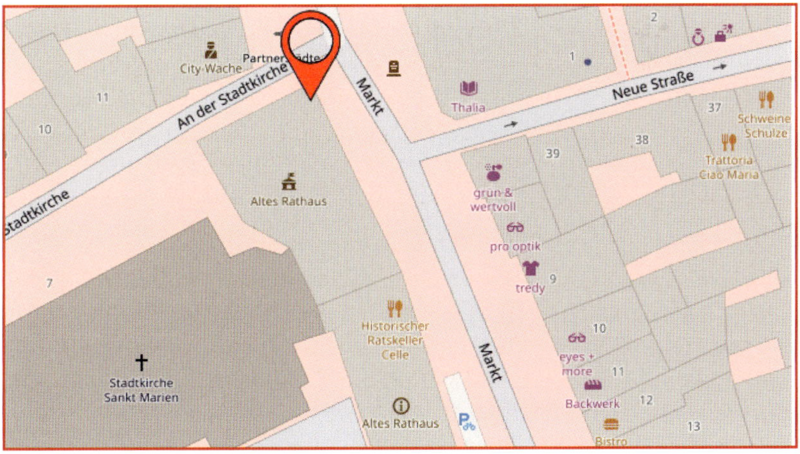

04

Mundloch

Ausguss an der Kirche

An der Gertrudenkirche im Celler Stadtteil Altencelle ist ein besonderes Relikt zu entdecken: Die dem Friedhof zugewandte weiße Fassadenwand zeigt eine Art steinernen Ausguss, der aus dem Inneren der Kirche herausführt. „Bauteile wie dieses lassen sich manchmal noch an alten Kirchen finden“, weiß die Gemeindereferentin im Ruhestand, Ingrid Schwörer, zu berichten, „doch die allerwenigsten wissen wohl, was es damit auf sich haben könnte.“

Und tatsächlich, die Geschichte der Gertrudenkirche, damals die Kirche des mittelalterlichen Ortes Tsellis, reicht zurück bis ins 10. Jahrhundert. Der jetzige Kirchenbau stammt vermutlich aus der ersten Hälfte des 14. Jahrhunderts. Um 1250 kam ein Querbau dazu. An der Nordseite des Chors wurde um 1300 eine gotische Sakristei angebaut. Nach Neugründung von Celle 1292 etwa fünf Kilometer weiter nördlich – der alte Ort war einem Brand zum Opfer gefallen – erfuhr die Kirche auf vielfältige Weise bauliche Veränderungen.

Anfang des 14. Jahrhunderts wurde sie, ebenfalls durch einen Brand zerstört, vereinfacht wieder aufgebaut, wofür auch die noch verwendbaren Reste, etwa das alte Raseneisensteinmauerwerk, genutzt wurden. 1707 kam eine Vorhalle im Süden des Seitenschiffs hinzu. 1507 fand die Kirche erstmals Erwähnung als Gertrudenkirche. Nach der Reformation des Fürstentums unter Herzog Ernst (1497-1546) wurde sie zum protestantischen Gotteshaus erklärt – und das besagte Bauteil verlor seine Bedeutung.

Bei dem Objekt handelt es sich laut dem Amt für Bau- und Kunstpflege Celle der Evangelisch-lutherischen Landeskirche Hannovers um das Mundloch einer sogenannten Piscina. „Das ist ein Waschbecken mit einer Abflusseinrichtung nach draußen. Es war früher wichtig für rituelle Waschungen in der Kirche und auch für die Feier der Heiligen Messe“, so Ingrid Schwörer.

Bis heute ist die Handwaschung als Ausdruck des Wunsches nach innerer Reinigung Teil der Eucharistiefeier. Dabei wusch der Priester seine Hände über dem Becken. Eine gängigere Handhabung heute: Dem zelebrierenden Priester wird vom einem Ministrant ein wenig Wasser über die Hände gegossen

Ein seltenes Relikt an norddeutschen Kirchen: eine mittelalterliche Piscina.

und dabei zugleich das restliche Wasser aufgefangen. Die Flüssigkeit wird dafür zunächst in einem Behälter, dem Sacrarium, aufgefangen. Auch der Begriff Lavabo ist für die entsprechende Auffangschüssel gebräuchlich.

„Früher wurde dieses Brauchwasser dann auch über die Piscina und das Mundloch ins Freie geschüttet“, führt die ehemalige Gemeindereferentin dazu weiter aus, „aber nicht nur irgendwohin, sondern auf den Gottesacker, der die Kirche umgibt.“

Heute ist das Mundloch an der Gertrudenkirche ein Relikt vergangener Kirchenkultur, denn eine Piscina findet kaum mehr Verwendung.

„Viele ältere Kirchen haben einen sogenannten heiligen Ausguss“, so Ingrid Schwörer, „in der Regel ist das aber eher ein Loch im Kirchenboden, das direkt ins Erdreich führt. Die Erde unterhalb des Kirchengebäudes gilt ebenfalls als geweihter Boden, was allerdings nicht allzu streng im theologischen Sinne gesehen werden sollte, denn es ist nur eine Frage des ehrfürchtigen Umgangs mit sakralen Materialien. Und dort, wo weder Piscina noch Loch im Boden vorhanden sind, wird noch immer meist der Friedhof zur Entsorgung genutzt.“

So geht's zum Mundloch:

Es befindet sich An der Gertrudenkirche 15, auf der Rückseite der Kirche, dem Friedhof zugewandt.

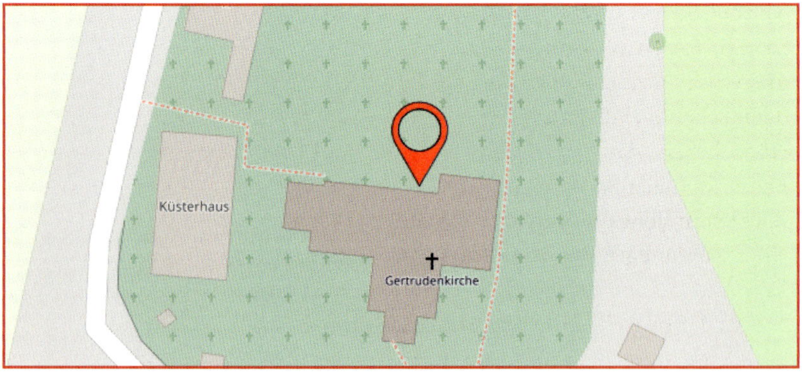

Eine goldglänzende Baumkrone als künstlerisch umgesetzte Wortspielerei.

Baumkrone 05

Ganz wörtlich genommen

Exakt 27 Zacken, 28 Kerben, fast dreieinhalb Meter lang. Das goldglänzende Kunstwerk des Künstlers Timm Ulrichs ist ein echter Blickfang, doch nicht immer gleich zu entdecken. Man muss dafür schon mal den Blick etwas in die Höhe heben, denn es umfasst einen Baum am Celler Schlosspark in mehreren Metern Höhe – und erinnert irgendwie an ein rundgebogenes, grobzackiges Sägeblatt.

Und erst nachdem man ein wenig nachdenkt, erschließt sich der wortwörtliche Titel des Werkes: Baumkrone. „Eine gewisse Doppeldeutigkeit ist bewusst gewählt", erklärt dazu Timm Ulrichs, „ich möchte mit der aus Aluminium bestehenden Baumkrone auf das Spannungsverhältnis aufmerksam machen, welches sich zwischen gekrönten Häuptern, dem Mensch als Krönung der Schöpfung, dem kraftvollen Baum, der Beständigkeit und Ambivalenz von Zerstörung wie umweltbedingtem Baumsterben, gewissenloser Abholzung und Ressourcenknappheit bewegt

– und damit zum Nachdenken anregen.“

Die Beschäftigung und Umsetzung von Sprache in der bildenden Kunst und die Wiedergabe eines Sachverhaltes dabei in doppelter oder sogar mehrdeutiger Form ge-hört zu Ulrichs ganz besonderen Merkmalen. Das gelingt dem gebürtigen Berliner (Jg. 1940), emeritierten Professor für Bildhauerei und Totalkunst, der das Wörtlichnehmen von Begriffen, Handlungen und kulturellen Konventionen sozusagen zu seiner künstlerischen Spezialität erhoben hat, auf beeindruckende Weise. Er spielt dabei mit Formulierungen und Metaphern, dreht, stellt auf den Kopf und zeigt dann die buchstäbliche Bedeutung in einer neuen und abstrakten Lesart. Heraus kommt dabei eine manchmal beinah dadaistisch anmutende Interpretation und auch wenn die Werke manchmal ein Schmunzeln auslösen, so steckt doch dem Künstler zufolge stets ein ernster Sinn dahinter.

„Ich möchte mit der aus Aluminium bestehenden Baumkrone auf das Spannungsverhältnis aufmerksam machen, welches sich zwischen gekrönten Häuptern, dem Mensch als Krönung der Schöpfung, dem kraftvollen Baum, der Beständigkeit und Ambivalenz von Zerstörung wie umweltbedingtem Baumsterben, gewissenloser Abholzung und Ressourcenknappheit bewegt.“

„Mir geht es dabei ums Innehalten und die Bewusstmachung unreflektierter Gewohnheiten und Rituale des Sehens, Sprechens und Denkens“, erklärt Ulrichs dazu weiter, der zunächst in Hannover Architektur studiert hatte, bevor er sich für eine Existenz als freier Künstler entschied und sich selbst dabei immer wieder als Kunstobjekt inszenierte. Damals sehr innovativ, aber zugleich ein absoluter Tabubruch und der Beginn seiner eigenen Marke, die ihn in seinem Schaffen nun ständig begleiten sollte.

Ebenso vielfältig wie das Themenspektrum ist Timm Ulrichs in Sachen Umsetzung mit verschiedenen Materialien. Er produziert auf Papier wie auf Haut, schafft Skulpturen, Installationen, nimmt dabei Ereignisse ins Visier. 1961 gründete der Multikünstler eine „Werbezentrale für Totalkunst & Banalismus mit Zimmer-Galerie & Zimmer-Theater". 1969 kam eine „Kunstpraxis mit Sprechstunden nach Vereinbarung" dazu – inklusive Werbung und Verkauf in Eigenregie. Doch es sollte noch etwas dauern, bis sich der Erfolg endlich einstellte und der Künstler schließlich eine Gastprofessur an der Hochschule für Bildende Künste Braunschweig erhielt. 1972 bekam er die Professur für Bildhauerei und Totalkunst an der Kunstakademie Münster, woUlrichs bis 2005 lehrte.

1977 der Ritterschlag: Ulrichs war auf der Documenta 6 in Kassel vertreten, es folgten zahlreiche weitere Ausstellungen. 2001 erhielt er den Niedersächsischen Staatspreis. Im Januar 2020 wurde der Wahl-Hannoveraner für sein Lebenswerk mit dem Käthe-Kollwitz-Preis geehrt.

Jahrelang war die Baumkrone wegen Baumpflegearbeiten aus dem Stadtbild verschwunden, aber seit März 2022 ist sie wieder da – gereinigt und auf Hochglanz poliert. Der Künstler ließ es sich nicht nehmen, die Positionierung seines Werks dabei persönlich zu beaufsichtigen. Das außergewöhnliche Exponat gehört heute zum Bestand der Robert-Simon-Kunststiftung und hat nun einen dauerhaften Platz in Celle. Man muss nur hinsehen.

So geht's zur Baumkrone:

Sie ist an den Bushaltestellen vor dem Schloss, zwischen Kunstmuseum und Schloss, zu finden.

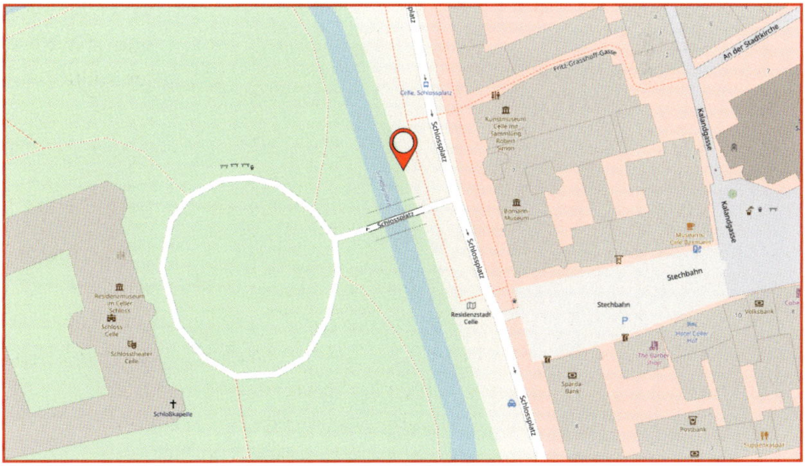

06

Tür

Geld kommt und geht

An der Rückseite des Rathauses findet sich eine Tür, flankiert mit Figuren jeweils links und rechts und darunter: plattdeutsche Inschriften. Da ist links zu lesen: Watt düütsch is / dat hoolt wisse / Makt et nich / so as düsse. / Dä will sien / Geld behaalen / Un wü schütt / Stüern betaalen. Übersetzt heißt das in etwa: Was deutsch ist, das halt in Ehren. Macht es nicht so wie die da. Die wollen ihr Geld behalten. Und wir sollen Steuern bezahlen. Und rechts steht: Dat Geld geit / rin un rut / As wenn't Ebbe is un Flut. / Schall de Stadt / nich verebben / Mott se en Stüer: / mann hebben. Das bedeutet so viel wie: Das Geld geht rein und raus, als wenn es Ebbe ist und Flut. Soll die Stadt nicht verebben, muss sie einen Steuermann haben.

„Die Sätze muten ein wenig kryptisch an, doch es lässt sich daraus erlesen, was damit gemeint ist", beginnt Stadtführerin Ulrike Eggers die Geschichte zu erzählen. „Tatsächlich hat der Eingang mit Geld zu tun. 1938 bekam das Celler Rathaus nämlich an der Westseite einen neuen, verhältnismäßig kleinen Anbau von nur fünf Metern Länge." Eingebaut wurde dabei nach einer Idee des damaligen Stadtbaumeisters auch dieser Eingang mit einer in Sandstein gefassten Tür. „Diese führte einst zur Stadtkämmerei, also sozusagen in das finanzielle Machtzentrum des Ortes. Hier wurde das Geld verwaltet, der Finanz- und Haushaltsplan erstellt – und natürlich den Steuerzahlern der fällige Zins abgenommen."

Die Plastiken des hannoverschen Bildhauers und Malers Werner Hantelmann (1871-1939), von dem vor allem in der Landeshauptstadt noch zahlreiche Spuren zu entdecken sind, geben ebenfalls Hinweise dazu. Die linke stellt einen Bürger dar, der sich über die fällige Steuerzahlung ärgert und sich davor am liebsten drücken möchte. Das zeigt nicht nur sein herrlich mürrischer Gesichtsausdruck, sondern auch die Hand, welche schützend die Geldkatze am Gürtel bedeckt, sowie die Füße, die einen Geldsack zwischen den derben Stiefeln festhalten. Die rechte indes verweist auf den Steuereinnehmer oder sogar vielleicht den Stadtkämmerer selbst, früher eines der alten Hofämter, aus dem auch das städtische Amt hervorging und heute den Leiter der

Ulrike Eggers kennt die Bewandtnis hinter der Türe.

Finanzverwaltung einer Kommune bezeichnet. Als Camerarius wurde im Mittelalter der Bedienstete eines Fürstenhofs oder Klosters bezeichnete, der für die Verwaltung der Schatzkammern zuständig war. Das Pendant auf Bundes- und Landesebene ist heute der Finanzminister. Die historisierende Figur wird mit Feder am Ohr, Kladde unterm Arm, gefüllter Geldtasche und vorgestreckter, halb geöffneter rechter Hand dargestellt, die als Aufforderung nach dem Motto „gib das Geld schon her" gelten darf. Zudem hält sie in der anderen Hand eine Weinflasche. „Angeblich sollen Celler Bürger, die nicht säumig wurden und ihre Steuern stets pünktlich entrichtet haben, dafür mit einem Schlückchen erlesenen Rebensaftes aus dem unter dem Rathaus gelegenen Ratskeller belohnt worden sein", sagt Ulrike Eggers augenzwinkernd. „Heute wird die Tür übrigens etwas scherzhaft als Eingang für Steuersünder betitelt." Doch nur noch die wenigsten Celler Bürgerinnen und Bürger kennen den Zugang zur einstigen Stadtkämmerei oder können die Plastiken hier thematisch zuordnen. Dabei floss durch diese Tür mal viel Geld in und aus den Kassen der Stadt Celle. Wie es hier eben nachzulesen ist: „Dat Geld geit rin un rut. As wenn't Ebbe is un Flut."

So geht's zur Tür:

Sie befindet sich an der Stechbahn, Rückseite des Rathauses, linker Eingang, hinter der Gaststätte etwas versteckt.

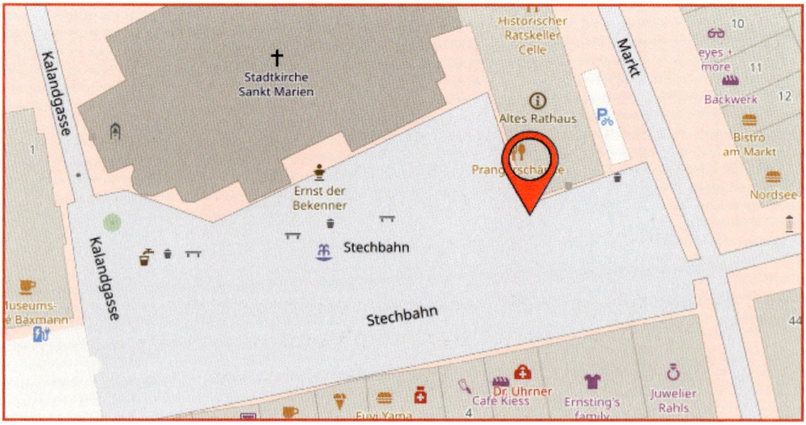

Naturidylle pur – die einst auch schon eine dänische Königin sehr zu schätzen wusste.

07

Laube

Einsamer Platz der Königin

Die Wälder im Neustädter Holz erstrecken sich kilometerweit süd- und westwärts und bieten abseits urbaner Hektik Ruhe und Erholung. Das Gebiet, welches die B 214 in zwei Hälften teilt, wird im Osten und Süden von Celle, im Westen von Hambühren und im Norden von der Aller begrenzt. „Die friedvolle und zugleich stadtnahe Natur ist nicht erst heute ein beliebter Ausflugsort", weiß der Kulturlandschaftsforscher Florian Friederich zu berichten. „Eine dänische Königin hatte sich hier bereits im späten 18. Jahrhundert ein Plätzchen auserkoren, welches einen unverstellten Blick auf die weiten Allerauen gewährt", deutet er die geheimnisvolle Laube weiter an. „Doch ihre Geschichte ist sehr tragisch.“ Erst 15 Jahre alt war die englische Prinzessin Caroline Mathilde (1751-1775) gewesen, als sie nach Dänemark geschickt wurde, um dort den König zu ehelichen, der mit 17 Jahren selbst erst knapp der Kindheit entwachsen war.

Doch ihr Zukünftiger, Christian VII. von Dänemark (1749-1808), zeigte schon in jungen Jahren Anzeichen einer Geisteskrankheit.
Aber Dänemark war weit weg, was wusste man davon schon in England? Zudem, als die Prinzessin 1751 geboren wurde, war ihre Mutter seit drei Monaten verwitwet, ihr Bruder König Georg III. von Großbritannien – und sie als Halbwaise keine besonders begehrenswerte Partie mehr. Im Jahr 1766 wurde in London daher die Ehe per procurationem – kraft Vollmacht – geschlossen, im November darauf die Hochzeit in Dänemark gefeiert.

> „Eine dänische Königin hatte sich hier bereits im späten 18. Jahrhundert ein Plätzchen auserkoren, welches einen unverstellten Blick auf die weiten Allerauen gewährt. Doch ihre Geschichte ist sehr tragisch.“

Fern von Familie und Heimat war Caroline Mathilde nun die Ehefrau eines Mannes, der sie weitestgehend verschmähte und ignorierte. Dennoch gebar sie nach zwei Jahren den ersehnten Thronfolger – das junge Königspaar hatte somit seine dynastischen Pflichten erfüllt. Bald darauf brachte Christian von einer Reise einen Armenarzt aus Altona mit, zu dem er besonderes Vertrauen entwickelte und den er zu seinem Leibarzt erkor: Johann Friedrich Struensee (1737-1772). Und nun nahm das Schicksal seinen Lauf.

Nicht nur der König, auch Caroline war von dem Mann fasziniert. Sie verliebten sich, eine Ménage-à-trois begann. Im Juli 1771 brachte Caroline ihre erste Tochter Louise Augusta zur Welt und Struensee, längst Minister, führte ganz nebenher Dänemark in die Aufklärung. Für den Adel bedeutete sein Wirken indes eine große Bedrohung. Komplotte wurden geschmiedet, die Struensee schwer belasteten, Caroline wurde als Spielball seiner Gegner benutzt. Die Affäre kostete ihn schließlich das Leben und Caroline Mathilde, knapp 21-jährig, wurde auf Geheiß ihres Bruders, der zugleich in Personalunion auch Kurfürst von Hannover war, nach Celle verbannt, wo das Schloss seit dem Tod des letzten Herzogs leer stand. Ihre Kinder musste sie in Dänemark zurücklassen.

Nun lebte die junge Königin in dem Residenzstädtchen und versuchte, mit ihrem Schicksal zurechtzukommen. Doch einfach war es sicherlich nicht, sich diesem traurigen Los zu stellen, da mag das einst von jungen Linden besäumte Plätzchen im Neustädter Holz hin und wieder Zerstreuung und Ablenkung von Trauer, Schmerz und Hoffnungslosigkeit bedeutet haben. Caroline Mathilde verstarb bereits drei Jahre nach ihrer Ankunft in Celle. Im Ort grassierte eine Scharlachepidemie – sie steckte sich wohl an und fand, noch nicht einmal 24 Jahre alt, in der Gruft der Stadtkirche ihre letzte Ruhestätte. Ihre Kinder hatte sie bis dahin nie wieder sehen dürfen.

„Noch heute ist die sogenannte Caroline-Mathilde-Laube gut erkennbar", erklärt Florian Friedrich, der die Landschaft in und um Celle herum in- und auswendig kennt, „sie ist seit Carolines Lebzeiten von Linden umsäumt nahe der Aller zu entdecken und erinnert an das Schicksal dieser jungen Frau und Mutter, die ihr allzu kurzes Leben der Politik unterordnen musste."

So geht's zur Laube:

B 214 stadtauswärts bis zur Straße Am Sportplatz, hier weiter bis zu einem kleinen Parkplatz im Wald. Von dort geht es nur zu Fuß oder mit dem Rad weiter: den mittleren Weg einschlagen, dann die nächste Möglichkeit rechts halten, bis sich der Weg teilt. Nach links gehen, Die Laube ist dann nach rund 200 Meter an der Allerseite zu finden.

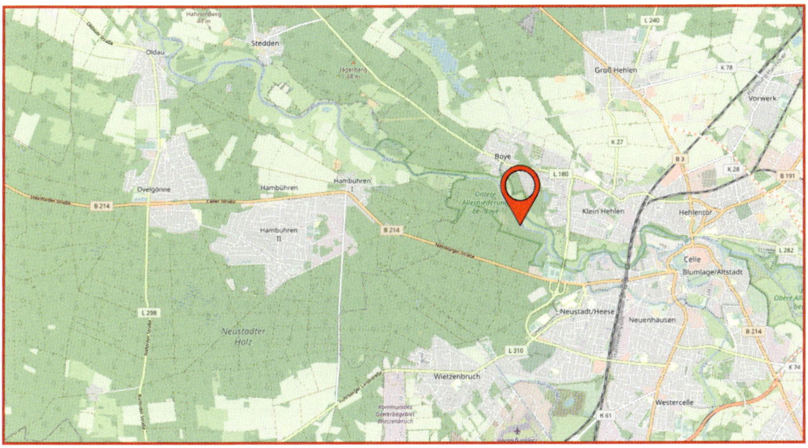

08

Aborterker

Heimliches Örtchen

Man muss schon genauer hinsehen, um dieses Celler Geheimnis zu entdecken, das sich zwar ganz öffentlich präsentiert, aber doch ein sehr heimliches Örtchen darstellt inmitten der Altstadt – in luftiger Höhe und eingequetscht zwischen zwei imposanten Häusern. Man riecht es heute natürlich nicht mehr, aber in früheren Zeiten, als es in allen Städten ziemlich heftig gestunken haben muss, mag es auch hier sicherlich im olfaktorischen Sinne nicht sehr angenehmen gewesen sein. Die Rede ist, ja, richtig, von einer alten Toilette.

In vielen mittelalterlichen Städten, die wie auch die Altstadt von Celle einst sehr schmal-parzellig angelegt wurden, finden sich zwischen den eng nebeneinander angeordneten Häusern zahlreiche sogenannte Traufgassen, die etwas zwischen einer Hand bis zu einem Meter breit sind. Hier in Celle sagt man dazu Zwische. In der gesamten Altstadt, sie umfasst immerhin über 400 Häuser, sind Traufgassen fast zwischen allen Häusern zu finden. Sie werden hier seit Jahrhunderten von einfach gezimmerten Holztüren verschlossen gehalten. Möglicherweise dienten sie einst der Brandverhütung, Dach- und Hofentwässerung, Belüftung oder auch Beleuchtung mit – meist eher nur spärlichem – Tageslicht. Hier in Celle wurde ganz offensichtlich eine der Zwischen als Abtritt genutzt – in Form eines kleinen grauen Erkers, unscheinbar an der Westseite eines Hauses gelegen. Als Fachwerkkonstruktion ragt er aus dem eigentlichen Gebäude hinaus. Im Boden war ein Loch eingelassen, die darunter liegende Zwische führte wahrscheinlich direkt in einen Wassergraben, der sich durch den schmalen Gang entlang den beiden Hauswänden hinzog. Dieser verlief möglicherweise unter allen einstigen Wällen und Stadtmauern hindurch bis in den die gesamte Stadt umfließenden Stadtgraben.

„Hier in Celle wurde ganz offensichtlich einer der Zwischen als Abtritt genutzt – in Form eines kleinen grauen Erkers."

Nicht immer sind es Türen, oft auch nur Bretter.

Das Celler Klo ist eine bauliche Besonderheit, da Aborterker im Mittelalter eher an isoliert stehenden Gebäuden wie Burgen oder Klöstern angebaut wurden, innerstädtisch dienten meist eher Sickergruben als Toiletten. Doch es gab sie, wie hier in Celle zu sehen. Sie waren tatsächlich auch in städtischen Wohnquartieren nicht ganz unüblich, hier zielte das Loch dann schon mal auf eine eher selten genutzte Gasse, die Fußgänger allerdings auch benutzten, weswegen, sich der umgangssprachliche Begriff „Köttelgang“ für solche Wege entwickelte.

Die Zwischen gehörten zu keinem den angrenzenden Häuser, was heißt, dass sich früher weder die linken noch die rechten Nachbarn für Sauberkeit und Instandhaltung verantwortlich zeigten. Es gab daher über alle Jahrhunderte immer wieder Streit unter der einstigen Bewohnerschaft, wer nun dafür zuständig war, die Hinterlassenschaften aus dem Aborthäuschen zu beseitigen. Laut Stadtrecht hielt angeblich die rechte Seite den Schwarzen Peter in der Hand – obwohl das heimliche Örtchen in Celle doch eigentlich nur vom linken Haus aus zu nutzen war …

So geht's zum Aborterker:

Er befindet sich an der rechten Hausseite Robert-Meyer-Platz 1.

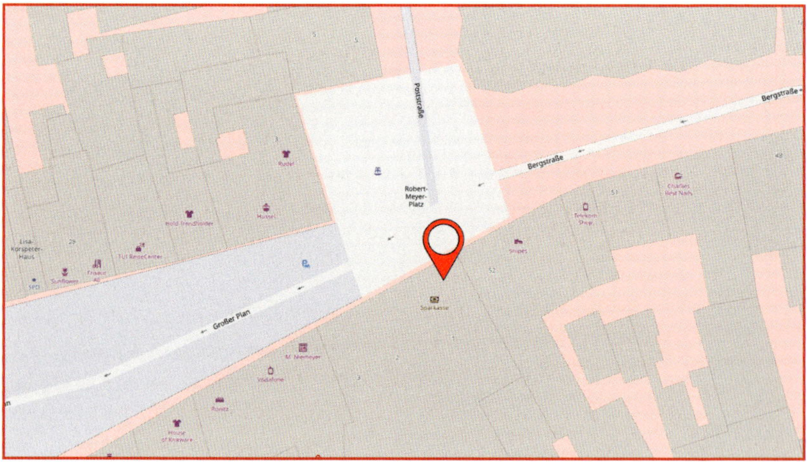

Einzigartiges Relikt: das Celler Loch. Und Dr. Paul Kühling kennt die ganze Geschichte, die sich dahinter verbirgt, aus erster Hand.

Celler Loch 09

Aktion Feuerzauber

Am 25. Juli 1978 wurde um 2.54 Uhr mit einem lauten Knall ein etwa 40 Zentimeter großes Loch in die äußere Gefängnismauer des Celler Gefängnisses gebombt, welches zu der Zeit gerade umgebaut wurde – es sollte künftig andere Anstalten wie etwa Stuttgart Stammheim entlasten und Inhaftierte in einen neuen Hochsicherheitstrakt übernehmen. Die Sprengung erfolgte vom anderen Ufer der Aller aus. Die Aktion sollte eigentlich bereits einige Tage früher starten, doch ein Liebespärchen hatte es sich ganz in der Nähe und über Tage in einem Boot dort gemütlich gemacht. Doch wozu sollte das Loch überhaupt gesprengt werden?

„Die Stimmung war in der gesamten Republik in der Hochzeit der Rote-Armee-Fraktion recht aufgeheizt und die Nervosität im ganzen Land zu spüren", erklärt der damalige Anstaltsleiter Dr. Paul Kühling. „Und die ganze Sache sorgte dann natürlich bundesweit für

Schlagzeilen. Alle sollten glauben, dass die RAF diese Sprengung zu verantworten hatte, denn ein Mitglied saß zu dem Zeitpunkt in Celle ein: Sigurd Debus, der wegen Banküberfällen zwölf Jahre hier abzusitzen hatte."

Die Sprengung sei, so hieß es zunächst, ein Anschlag zu seiner Befreiung gewesen. Doch Debus lag zu dem Zeitpunkt im Bett – und war von den Befreiungsbemühungen um seine Person angeblich ebenso überrascht wie die Celler Kripo. Tatsächlich war sie nichts anderes als eine von der Landesregierung ge-plante und ausgeführte Tat, unter der Führung des damaligen Ministerpräsidenten, dem CDU-Mann Ernst Albrecht (1930-2014), um die Einschleusung eines V-Mannes im Celler Gefängnis vorzubereiten. „Die GSG 9 war eingeweiht, ebenso musste ich als Gefängnisleiter, nolens volens, natürlich im Vorfeld involviert werden und hatte auch einige Bedenken dazu geäußert", erklärt dazu Dr. Kühling. „Würden Beamten zu Schaden kommen? Was, wenn die Presse davon erführe? Und wie wir heute alle wissen, erfuhr die Presse davon, wenn auch erst Jahre später."

Feuerzauber lautete der Deckname für das Unternehmen, welches generalstabsmäßig vorbereitet worden war. Ein Mercedes wurde gestohlen, Munition und gefälschte Pässe darin deponiert und schließlich in Debus' Zelle Ausbruchswerkzeug versteckt. Zwei Kriminelle waren im Auftrag des Staates an der Durchführung beteiligt. Sie wurden später den Medien als Tatverdächtige präsentiert und die Veröffentlichung eines Dellwo-Papiers wirksam lanciert, das angeblich von dem RAF-Mitglied Karl-Heinz Dellwo stammte und dessen Inhalt besagte, dass mit Anschlägen solcher Art eine Zusammenlegung einsitzender Terroristen zu Interaktionsgruppen erreicht werden sollte.

Am nächsten Morgen bei der Pressekonferenz wurde die Öffentlichkeit über die tatsächlichen Hintergründe des Anschlags, der später als Celler Loch in die Geschichte einging, ganz bewusst getäuscht. Die „Tat" wurde auch strafrechtlich nie weiterverfolgt, und hätte nicht ein neugieriger Journalist die Sache 1986 nochmal gründlich recherchiert, wäre die Aktion wahrscheinlich völlig in Vergessenheit geraten. Doch Ulrich Neufert, damals tätig bei der *Hannoverschen Allgemeinen Zeitung*, fand heraus, was wirklich passiert war, nämlich dass kein einziger RAF-Terrorist in den Anschlag verwickelt war und stattdessen – kurz zusammengefasst – eine Bombe von der GSG 9 gelegt wurde – im Auftrag vom Verfassungsschutz.

Ein handfester Skandal! Die Regierung musste sich nun erklären. Ernst Albrecht argumentierte vor einem Untersuchungsausschuss des niedersächsischen Landtags, dass die Tat auf der Idee aufgebaut worden sei, neue Erkenntnisse zu gewinnen und dabei in die Szene einzutauchen, um Leute auszuspionieren. Sie sei damit zumindest als achtbarer Erfolg in der Bekämpfung des Terrorismus zu bewerten. Er übernahm die volle Verantwortung für die Aktion. Für seine Recherchen wurde Ulrich Neufert mit dem Wächterpreis der deutschen Tagespresse ausgezeichnet, der 90 Minuten dauernde Dokumentarfilm *Das Celler Loch*, 1989 uraufgeführt, er-hielt den Max-Ophüls-Preis.

„Als 1998 die alte Außenmauer der JVA erneuert werden musste, wurde das Celler Loch eigens herausgefräst und rekonstruiert. Bei Umsetzungsarbeiten einige Jahre später fiel es vom Gabelstapler und fristete bis zur Reaktivierung als Denkmal ein Dasein zwischen Schutt und Moos auf dem Gelände“, kann Dr. Kühling die Geschichte weitererzählen, „im Juli 2015 wurde es in einen Edelstahlrahmen eingefasst und aufgestellt.“ Seitdem ist das Celler Loch im öffentlichen Bereich direkt vor dem Haupteingang des Celler Gefängnisses platziert. Das Schlosstheater Celle brachte zudem 2019 das Musical *Celler Loch* auf die Bühne, welches vornehmlich den Bericht des Untersuchungsausschusses thematisiert – eine fast 400 Seiten dicke Akte.

„Das Celler Loch hat dem Rechtsstaat schwer geschadet, bis heute bleibt die Frage, welcher Sinn und Zweck da wirklich dahinterstand“, resümiert Dr. Kühling dazu, „denn ein 40 Zentimeter großes Loch in einer äußeren Gefängnisaußenmauer hilft im Zweifel kaum weiter, um dort wirklich einen V-Mann einschleusen zu können. Heute, so kann man vielleicht aber sagen, ist es ein Relikt, welches im Celler Stadtbild so einzigartig wie ungewöhnlich ist.“

So geht's zum Celler Loch:

JVA Celle, Trift 14, Einfahrt Haupteingang kurz vor dem Kreisel am Bahnhof, hinter der Autoschranke rechts halten.

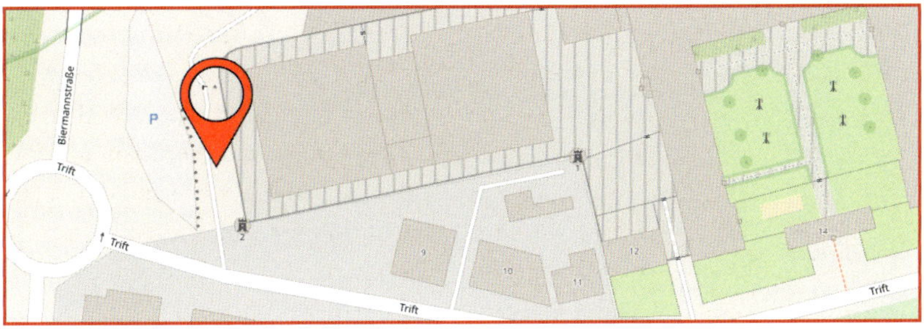

10

Brezel

Geschichte eines Wappens

Beinahe an jedem Haus in der Celler Altstadt sind ungewöhnliche Entdeckungen zu machen, und es braucht schon ein wenig Kenntnis, um alle wirklich deuten zu können. Ein großes Rätsel ist beispielsweise an einer Hausecke Am Großen Plan die Darstellung einer Brezel – in einem Löwenmaul. Golden hervorgehoben weist die Ornamentik darauf hin, dass hier um 1670 wohl ein Bäcker ein Haus bauen ließ. Doch was hat es mit dem Löwenmaul auf sich? Und warum eigentlich ausgerechnet die Brezel, warum nicht ein Brot oder eine Getreideähre als Zeichen dieses Berufstandes?

> „Die Brezel zählte bereits in der Antike zu den sogenannten Gildbroten, Gebäckstücke in Form von figürlichen Darstellungen jedweder Art wie auch beispielsweise der Zopf oder der schwäbische Klausenmann."

Die Celler Bäckerin Marianne Schiano klärt auf: „Die Brezel zählte bereits in der Antike zu den sogenannten Gebildbroten, Gebäckstücke in Form von figürlichen Darstellungen jedweder Art wie auch beispielsweise der Zopf oder der schwäbische Klausenmann. Diese haben bis heute eine Bedeutung besonders zu Kirchenfesten. An diesen Tagen werden sie verschenkt und gegessen."

Bereits in römischer Zeit soll für die, Eucharistie, also die christliche Abendmahlsfeier ein zum Ring gebackenes Brot gebrochen worden sein, das dann später zu einer Art Sechs umgeformt wurde. Da die Mitte auch an zum Beten verschränkte Arme erinnern könnte, wurde die Brezel in diesem Zuge irgendwann zu heiligem Gebäck, dem bald obendrein besondere Segens- und Heilkraft nachgesagt wurde. Es lag also nahe, die Brezel irgendwann durch die ihr zugeschriebenen erhöhten Attribute zum Symbol der Bäcker festzulegen. Und nun kommt der Löwe ins Spiel, der in dem Fall nichts mit den einst hier

Die Brezel ist ein geschichtsträchtiges Symbol im Bäckerwappen.

herrschenden Welfen zu tun hat, die ja bekanntermaßen auch wilde Tiere im Wappen führen. Nach einer alten Legende über die Schlacht um Ampfing/ Mühlendorf in Oberbayern, in der sich 1322 der Wittelsbacher Herzog Ludwig IV. (1282 oder 1286-1347) und der Habsburger Herzog Friedrich der Schöne (1289-1330) gegenüberstanden, hatte der bayerische Anführer kämpfende Bäckerknechte aus München an seiner Seite, die ihm zum Sieg verhalfen. Für ihre Tapferkeit und Treue erhielten sie das Recht, in Fahne und Wappen zur Brezel künftig den deutschen Reichsadler aufzunehmen.

Zwei Jahrzehnte später fand die Brezel eine weitere Überhöhung – in Form der böhmischen Königskrone. Anfang des 16. Jahrhunderts standen die Türken vor Wien. Angeblich wollten die Angreifer eines Nachts einen Stollen unter der Stadtmauer durchgraben, um die Stadt zu belagern. Bäcker, die ja bekanntlich vor allem nachts oder in den frühen Morgenstunden arbeiten, hörten demnach die Klopfgeräusche und stellten sich mutig wie aufrecht kämpfende Löwen dem Feind. Eine andere Erzählweise besagt, dass die Bäcker an der Löwenbastion gekämpft hätten, was dann für den Sieg entscheidend gewesen sei. Einerlei – für ihre Verdienste um Wien verlieh ihnen Kaiser Karl V. (1500-1558) im Jahr 1529 ganz offiziell das Recht, zwei Löwen im Wappen zu führen. „Und so", berichtet die Bäckerin weiter, „ging er von Österreich aus über ins allgemeingültige Bäckerwappen in Europa und damit auch an eine Hausecke in Celle."

So geht's zur Brezel:

Das Zeichen findet sich am Haus Großer Plan 21.

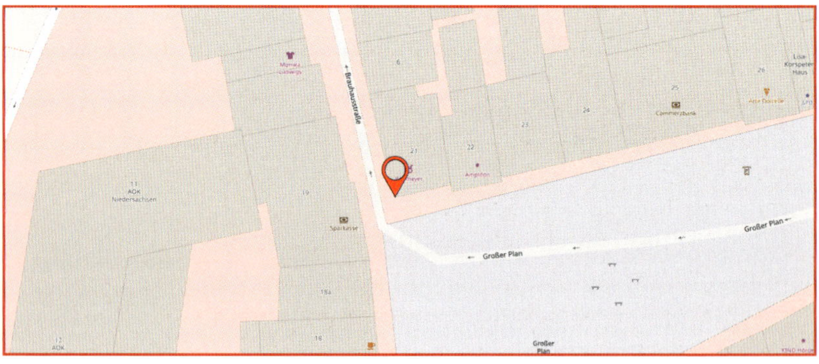

Viel zu entdecken und noch mehr zu lernen: der Entdeckerpfad mitten in Celle.

Entdeckerpfad 11

High Tech made in Celle

Ungewöhnliche Exponate sind seit einigen Jahren im Stadtbild zu finden – irgendwie stachelig, teils in sich gedreht, von bunt bis alufarben. Es sind gewiss keine Kunstwerke, aber was könnten die Gebilde stattdessen sein? Dafür gibt es eine interessante Erklärung: Sie gehören zum Celler Entdeckerpfad. Genau genommen handelt es sich dabei um ein kleines Pfädchen, aber dafür hat er es in sich.

„Hier gibt es viel zu lernen zu den Themen Erdöl, Erdgas und Erdwärme – und genau dabei hat Celle wirklich die Nase vorn, gilt die Stadt doch als europäisches Zentrum für Erdöl-, Erdgas- und Erdwärmewirtschaft", kann dazu der Schulleiter der Celler Bohrmeisterschule, Dr. Udo Grossmann, erklären. „Das belegen auch zahlreiche zum Teil internationale Unternehmen, die im Ort ansässig sind und High Tech made in Celle produzieren."

Doch die Sache mit dem Erdöl begann hier schon viel früher. Bereits im 16. Jahrhundert wurde das sogenannte schwarze Gold in der Gegend aus Teerkuhlen gehoben und als Schmier- und Heilmittel verkauft. 1858 bekam der Geologe Christian Konrad Hunäus (1802-1882) den königlichen Auftrag, in der Südheide nach Braunkohle zu suchen. In Wietze, etwas westlich von Celle gelegen, ist er in 35 Metern Tiefe dann auf Erdöl gestoßen. Hier erfolgte somit die weltweit erste erfolgreiche Erdölbohrung! Doch erst als man kurze Zeit später auch in den USA fündig wurde, brach auch hierzulande der Bohr-Boom aus und Wietze avancierte rasch zum Erdölmekka in der Heide. Das Cellerland wurde zum Erdölparadies und zu Beginn des 20. Jahrhunderts sah die Südheide streckenweise aus wie die Ölfelder von Texas – die hiesigen Vorkommen deckten seinerzeit den kompletten Bedarf des damaligen Kaiserreichs ab. Doch die Förderung musste mangels ausreichender Masse wieder aufgegeben werden. Im März 1963 erfolgte die Stilllegung.

„Das Öl ist weg oder momentan jedenfalls nicht mehr in förderungswürdiger Menge vorhanden. Geblieben aber ist die Expertise dazu", berichtet der Dr. Grossmann weiter. „Seit 1937 ist hier die Bohrmeisterschule ansässig und zunächst als ‚Ausbildungsort von Aufsichtspersonen für die Aufsuchung und Gewinnung von Erdöl und Erdgas mit Hilfe von Bohrungen' gegründet worden. Heute beherbergt sie die staatlich anerkannte Fachschule für Technik in der Trägerschaft des Bergschulvereins der sich aus zehn Fachleuten von Unternehmen in der Erdöl -und Erdgasbranche zusammensetzt."

„Das Öl ist weg oder momentan jedenfalls nicht in förderungswürdigen Mengen vorhanden. Geblieben ist aber die Expertise dazu."

Die Schule bietet Lehrgänge zu den Fachrichtungen Bohr-, Förder-, Rohrleitungs- und Untertagespeichertechnik an und ist gleichzeitig zentrale Aus- und Fortbildungsstätte der deutschen und internationalen Erdöl- und Erdgasindustrie. Vermittelt werden hier wichtige technische Erkenntnisse der Tiefbohrtechnik und der Erdöl- und Erdgasgewinnungstechnik, und das unter Einsatz modernster Simulationssoftware und technischer Ausrüstungsgeräte im Original.

Und dann gibt es hier seit einigen Jahren den sogenannten Drilling-Simulator der Technischen Universität Clausthal Zellerfeld, eine millionenschwere Einrichtung, unterstützt vom Land Niedersachen und durch Mittel der EU gefördert. Die Stadt ist damit Standort einer weltweit einzigartigen Forschungseinrichtung, in welcher der Vorgang des Bohrens im Erdreich mit einer Hardware-Versuchseinrichtung und einem Software-Simulator nachvollzogen wird, die beide miteinander verbunden sind. Diese Verknüpfung ist das Besondere, üblicherweise werden Simulatoren nur zu Trainingszwecken oder, mit Beschränkung auf die Software, ansatzweise zu Forschungszwecken eingesetzt. Der Software-Simulator Drill SIM 600 kann die Vorgänge bei der Abteufung einer Bohrung über Tage simulieren und auf Bildschirmen visualisieren.

„Der Entdeckerpfad ist sozusagen Bohrwissen zum Anfassen und für alle und am Rande der Trift, einer Grünanlage, zu finden.“

„Der Entdeckerpfad ist sozusagen Bohrwissen zum Anfassen und für alle und am Rande der Trift, einer Grünanlage, zu finden“, so der Schulleiter dazu. „Hier werden etwa ein Bohrmeißel zur Erschließung von Erdöl und Erdgaslagerstätten oder geothermischer Energie gezeigt.“

Dafür sind oft kilometertiefe Bohrungen in die Erde nötig, wofür ein Bohrgestänge in Rotation versetzt werden muss. An dessen unteren Ende, wo der besagte Meißel angebracht wurde, wird das Gestein Zentimeter um Zentimeter abgetragen. Auch eine sogenannte Bohrlochverflanschung wird hier gezeigt. Diese dient zum Verschließen eines Bohrlochs.

Etwas weiter Richtung Süden in der Breiten Straße ist dazu auch ein Bohrstrang zu finden, welcher für Tiefbohrungen Verwendung findet. Die Straße runter liegt dann die Bohrmeisterschule. Hier erwecken einige Bohrkerne, wie man sie zur Untersuchung von durchbohrten Gesteinsschichten benötigt, das Interesse. Eine Modellsäule stellt einen sogenannten unverpressten Erdsondenfuß dar, die zweite zeigt eine Erdsonde mit durchgeführtem Verpressvorgang, die dritte die verfüllte und ins Erdreich angebundene Erdsonde. Bei den Exponaten stehen erklärende Infotafeln bereit.

„Eigentlich war geplant, dass sich der Pfad kilometerlang durch die Stadt schlängeln sollte, doch daraus wurde leider nichts“, erklärt Dr. Grossmann dazu bedauernd. Möglich, dass der Denkmalschutz ein Wörtchen mitzureden hatte und um die pittoreske Stimmung in der Stadt fürchtete. Von der ursprünglichen Idee jedenfalls blieben nur wenige Meter übrig. Ein gelungener Kompromiss, so hieß es im Rathaus, der die wachsende Bedeutung des Bohrtechnik-Standorts Celle gut zu veranschaulichen versteht – und übrigens einzigartig in Europa. Ein Grund dafür mag allerdings auch die zunehmende kritische Haltung zu Erdöl sein. Hierzu hat im Laufe der Zeit ein Umdenken stattgefunden und gerade die Stadt Celle, die aus den hiesigen Erdölvorkommen viel Wohnstand generieren konnte, bekennt sich heute zu modernen Klimazielen und versucht, die vorhandenen lokalen Kompetenzen inzwischen verstärkt für CO_2-neutrale Energiegewinnungsmöglichkeiten einzusetzen.

Der Entdeckerpfad führt in einer letzten Station daher auch zu einer sehenswerten Geothermie-Ausstellung in den Räumen der Bohrmeisterschule. Allerdings ist es nur nach Absprache möglich, diese zu besuchen.

So geht's zum Entdeckerpfad:

Breite Straße ab Mitte der Triftanlagen bis zur Bohrmeisterschule, Breite Straße 1c.

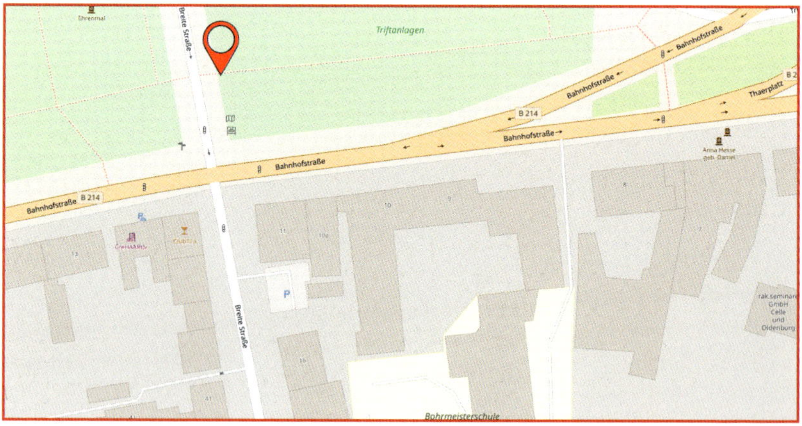

Backsteine hinter Glas? Dahinter verbirgt sich eine spannende Geschichte.

Mauerreste 12

Geschichte hinter Glas

Das Relikt ist vielleicht nicht gerade klein, aber doch irgendwie geheimnisvoll – rotbraune Backsteine hinter Glas, die an und in einem Haus in der Innenstadt zu finden sind. Was bedeuten diese Steine? Warum sind sie hinter Glas geschützt?

„Einst war die Residenzstadt Celle von einem sehr hohen und breiten Wall umgeben, der von innen mit einer hohen Stützmauer gesichert war und von mehreren Stadttoren aus verschiedenen Bauzeiten unterbrochen wurde", kann die Inhaberin des Hauses, an dem die Steine zu finden sind, Marianne Stumpf, dazu berichten. „Die Namen der einstigen Tore finden sich heute noch in manchen Ortsbezeichnungen wie beispielsweise Torplatz, Steintor oder Westcellertorstraße und verweisen auf ungefähre ursprüngliche Standorte. Die Tore existieren heute leider alle nicht mehr."

Auch die Mauernstraße erinnert an diese Mauer, welche die Altstadt einst umgeben hat. Ein bisschen von der einstigen Stadtmauer, streng genommen ein Stück der inneren Stadtgraben-Wall-Stützmauer, blieb dann letztlich doch noch erhalten und ist hinter Glas zu sehen.

Auch im Inneren zeigen sich die Backsteine an der Wand und sind Teil des Stadtmauerrests in der Celler Innenstadt.

Herzog Heinrich der Mittlere (1468-1532) befehligte Anfang des 16. Jahrhunderts eine Neubefestigung der Stadt, die wahrscheinlich infolge des Lüneburger Erbfolgekrieges (1370-1388) – und damit einhergehend der Benennung Celles zur ständigen Residenz der Welfen – bereits eine Befestigungsmauer erhalten hatte. Um 1530 erfolgte unter Herzog Ernst der Bekenner eine Erweiterung der Stadt, die mit dem weiteren Ausbau der Stadtmauer einherging. Dabei wurden Wälle, Rondelle und Schanzen eingebaut und zusätzliche Befestigungen am Schlossgraben vorgenommen. Während des Dreißigjährigen Krieges (1618-1648) wurden weitere Schanzen vor den Toren der Stadt errichtet, welche dem Schutz der Stadt dienten. Doch während des Siebjährigen Krieges (1756-1763), als sich praktisch die halbe Welt und alle europäischen Großmächte jener Zeit in den Haaren lagen – es ging vor allem um Land, die Kolonien, Seewege und Handelsvorteile – erlitt auch die Stadt Celle trotz alledem große Schäden, als sie im Winter 1759 zum Kriegsschauplatz wurde, bei dem sich die französischen Truppen unter Louis-François-Armand de Vignerot du Plessis, 3. Marschall de Richelieu und Großneffe des berühmten Kardinals, und die Preußen unter der militärischen Führung von Herzog Ferdinand von Braunschweig, an der Aller gegenüberstanden.

Teile der Celler Vorstädte fielen Zerstörungen zum Opfer, die Zivilbevölkerung litt Qualen. Als der Krieg vorbei war, wurden die Befestigungsanlagen nach und nach geschleift. Die Schanzen und Rondelle verschwanden, die Wälle wurden abgetragen, die Gräben zugeschüttet, die Torgewölbe entfernt. Das Stadtbild veränderte sich, viele Durchbrüche entstanden ebenso wie neue Straßenzüge und Häuserbauten. Die endgültige Entfestigung erfolgte im 19. Jahrhundert. Auch die gesamte Schlossanlage, einst von breiten Wassergräben umgeben, wurde angeglichen. Heute brausen auf den alten Gräben teilweise, wie etwa auf der Mühlenstraße, die Autos ums Schloss herum.

> „Die alte Celler Stützmauer zieht sich hier insgesamt 24 Meter an der Hausrückseite entlang."

Im Innern des Hauses der Familie Stumpf setzt sich die Mauer fort. Hier betreibt Marianne Stumpf ein wunderbares Tapeten-Museum und sagt stolz: „Wir haben nicht nur das Stückchen Mauer hinter Glas. Die alte Celler Stützmauer zieht sich hier insgesamt 24 Meter an der Hausrückseite entlang."

Gut sichtbar ist sie auch noch an einem nah gelegenen Haus in der Innenstadt, das auf der Mauer des einstigen Stadtwalls erbaut wurde und in dem heute das Celler Schützenmuseum zu finden ist. Auch im Südwall 5 ist noch ein Haus zu finden, in dessen Erdgeschosswand diese einstige Stützmauer verbaut wurde.

So geht's zu den Mauerresten:

Stadtmauerreste sind am Kleiner Plan 3 an der Südseite zu finden, ebenso Altencellertorstraße 1 und Südwall 5.

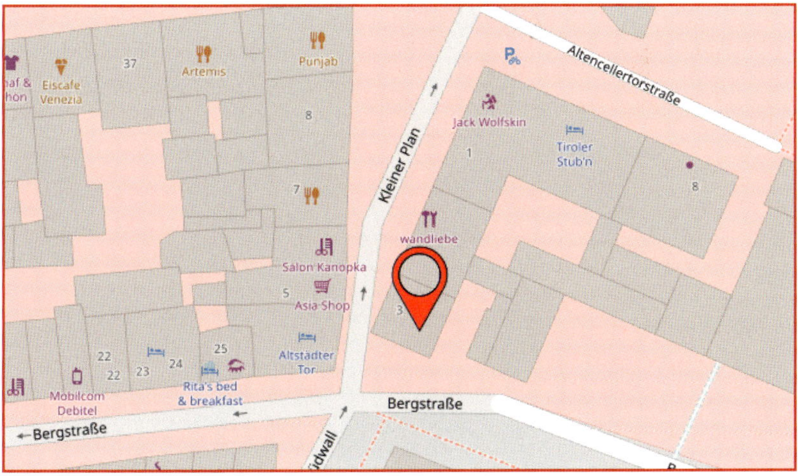

13

Fischtreppe

Überlebenshilfe an der Aller

Verborgen hinter der alten Ratsmühle, deren Anfänge man Jahrhunderte weit zurückdatieren kann und die auf den Beginn der Celler Wasserversorgung verweist, ist eine ungewöhnliche Anlage zu entdecken: Im Jahr 2012 wurde hier eine Treppe eingerichtet, aber nicht irgendeine, sondern eine für Fische. Ja, richtig gelesen. Aber wozu ist eine solche Treppe nötig?

Die Anlage ist eine wasserbauliche Einrichtung, um Fischen im Rahmen der Fischwanderung die Möglichkeit zu geben, Hindernisse zu überwinden. Sie stellt damit die Durchlässigkeit an der Aller sicher, denn die Mühle blockiert deren Lauf.

„Die meisten Fischarten schwimmen stromaufwärts", erklärt dazu der Celler Fischermeister Hans-Friedrich Nölke, „einige Arten auch abwärts, doch einerlei, wichtig ist für sie, dass ihre Wege nicht blockiert sind. Das sichert ihnen das Überleben. Wanderfische gelten heute als besonders bedroht." Manche Arten müssen tatsächlich viele Kilometer zurücklegen. Zum Laichen, auf der Suche nach Nahrung oder um sich in geschützte Bereiche, etwa bei Hochwasser oder Kälte, zurückziehen zu können. Je nachdem, was gerade ansteht, benötigen Fische unterschiedliche Voraussetzungen und suchen entsprechend für jeden Abschnitt ihres Lebens die passende Umgebung. Für die Fortpflanzung und den Fischnachwuchs brauchen sie etwa andere Strömungsverhältnisse und Temperaturen als für die Überwinterung. Dafür verlassen sie ihr Habitat. Lachse oder Störe leben beispielsweise im Meer und schwimmen zum Laichen flussaufwärts, um dort Eier abzulegen. Aale wiederum, die in der Sargassosee – ein Meeresgebiet im Atlantik östlich von Florida – geboren werden, legen im Laufe ihres Lebens tausende Kilometer zurück, um die Küsten Europas zu erreichen. In den dortigen Flüssen finden sie die nötige Nahrung zum Wachsen. Um selbst für Nachwuchs zu sorgen, wandern sie indes wieder flussabwärts zurück in das karibische Meer. Und so tummeln sich hier eben zu den entsprechenden Zeiten sämtliche wichtige mitteleuropäische Fischarten vom Aal bis zum Zander.

Die Celler Fischtreppe ist etwa 70 Meter lang, die 37 Kammern messen

Auf den ersten Blick erschließt sich nicht gleich die Bedeutung der ungewöhnlichen Wasserinstallation auf der Rückseite der alten Ratsmühle.

Der Fischermeister Hans-Friedrich Nölke weiß um die Bedeutung der Treppe für Fische.

jeweils zwei mal drei Meter, die Tiefe beträgt 60 Zentimeter. Das Ganze sieht ein bisschen aus wie ein Slalomlauf aus Betonsteinen. Die Tiere müssen sich darin an der alten Ratsmühle entlang durchschlängeln, um am Ende wieder in den Lauf der Aller zu gelangen. Ob und inwieweit das tatsächlich auch gelingt, zeigte eine Erhebung. Dazu wurde im Anschluss an die Fertigstellung der Fischtreppe ein Jahr lang jeden Tag von Fischer Nölke ein Käfig in die Aller abgesenkt. Dieser misst etwa zwei mal zwei mal anderthalb Meter und verblieb dann für 24 Stunden im Wasser am Ende der Fischtreppe. Der Fang wurde anschließend auf Anzahl, Größe und Art der Fische untersucht. Dabei wurden die unterschiedlichsten Arten identifiziert, neben den bereits genannten etwa auch Rotauge, Neunauge, Forelle, Moderlieschen, Barbe und viele weitere.

„Wobei die Anzahl von verschiedenen Faktoren abhängig ist", resümiert der versierte Fischermeister Hans-Friedrich Nölke lachend, dessen Familie seit weit mehr als über zwei Jahrhunderte das Fischerwesen in Celle betreibt und schon 1804 Fisch an in Celle stationierte französische Soldaten verkaufte. „Einmal war mal nur ein einziger riesiger Hecht drin. Warum wohl? Der ließ es sich da so richtig gut gehen."

Die Fischtreppe funktioniert. Die erhobenen Bestände geben die entscheidenden Hinweise zur Durchlässigkeit in beide Richtungen, denn auch die stromabwärts schwimmenden Arten müssen umgeleitet werden, damit sie nicht in den Turbinen der Mühle verenden. Hierzu ist davor ein enger Rechen angebracht, der das Durchschwimmen selbst der kleinsten Fische verhindert. Diese werden stattdessen daran entlang zu einer Kammer geleitet, die wiederum einen Abfluss zur Unteraller hat.

„Die Turbinen in der Mühle produzieren 100 Prozent regionalen Ökostrom aus Celle – eine feste Einnahmequelle, die nicht zu unterschätzen ist und hier in der Stadt nur wenigen Menschen bekannt ist", berichtet Hans-Friedrich Nölke dazu. „Immer wieder steht aber stattdessen das denkmalgeschützte Gebäude in der Kritik. Dabei ist dieser Punkt ebenso wichtig wie die Fischtreppe."

Die ökologisch-biologische Durchgängigkeit ist heute ein Muss für jedes Gewässer, geregelt in der Europäischen Wasserrahmenrichtlinie. Die gibt unter anderem vor, dass die sogenannten Wanderhindernisse für die gesamte Fischfauna beseitigt werden müssen, um ihnen alle möglichen Aufenthaltsorte eben auch zu ermöglichen. Die Fische sollen die Flussläufe ungehindert passieren können – ein wichtiger Schritt in Richtung Wiederansiedlung verschiedener Fischarten. Der Erhalt und die weitere Entwicklung der Fischfauna sind von großer Bedeutung für das ökologische Gleichgewicht.

„Realisiert wurde der Bau der Celler Fischtreppe – andere Bezeichnungen dafür sind Fischpass, Fischwanderhilfe, Fischaufstieg, Fischweg, Fischleiter oder Fischlift – mit Geld aus dem Europäischen Meeres- und Fischereifonds sowie des Landes Niedersachsen", so Hans-Friedrich Nölke, „und wer sich das alles mal ganz genau anschauen mag, der kann auch mal eine Führung mitmachen. Ich steht gern dafür bereit."

So geht's zur Fischtreppe:

Sie befindet sich in der Mühlenstraße 14, hinter der Mühle.

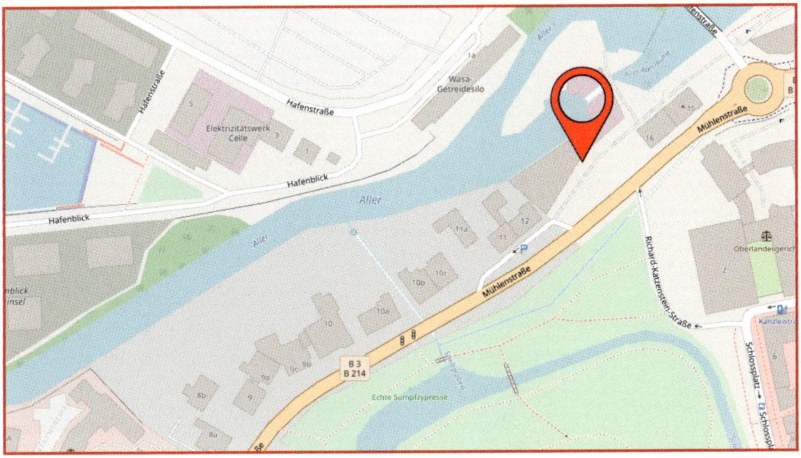

14

Wolfsangel

Uraltes Hoheitszeichen

Eine Wolfsangel war früher ein Gerät zum Wölfe fangen und erinnert an ein schrägliegendes „z“. In den Wäldern rund um Celle finden sich indes mehrfach alte Steine mit dieser besonderen Markierung. So auch im sogenannten Neustädter Holz, dem im Westen der Stadt gelegenen Waldgebiet, welches sich in Teilen ganz malerisch bis hin zur Aller erstreckt.

Steine mit diesem Zeichen gelten als alte Hoheitszeichen und sind somit als tradierte Grenzmarkierung zu verstehen. Doch das Zeichen des Raubtierfangs steht auch für einen wahrlich dunklen Teil der jüngeren Geschichte.

Das Fangen von Wölfen war einst eine grausame Angelegenheit, die Fallen selbst waren martialische Geräte: Die Enden wurden jeweils mit Widerhaken versehen, die mit Fleischködern präpariert wurden. So ausgestattet wurde die flache, etwa zehn Zentimeter lange Wolfsangel aus Eisen an einer Kette, die mit einer Art Anker versehen war, in einen Baum gehängt. Die Wölfe mussten hochspringen, um daran zu kommen – und konnten sich nicht mehr davon befreien. Andere Modelle, die auch als Bodenfallen geeignet waren, wiesen wiederum einen Federmechanismus auf, der durch Zuschnappen ausgelöst wurde und die Widerhaken in den Rachen trieb. Egal welches Modell Verwendung fand – für die Tiere bedeuteten beide ein qualvolles Ende, es sei denn, sie wurden rasch entdeckt und durch einen Schuss von ihrem Leid erlöst. Heute ist diese unwaidmännische Jagdform Gott sei Dank Geschichte, inzwischen genießt das Tierwohl bei der Jagd in der Regel eine hohe Priorität.

„Doch die Wolfsangel als Symbol ist nicht verschwunden“, weiß dazu der Kulturlandschaftsforscher Florian Friedrich zu berichten. „Sie ist etwa auf alten Forstkarten zu finden oder auf in Wappenschildern wie etwa der Landesjägerschaft Niedersachsen. Im Cellerland trägt das Wappen des Ortes Ahnsbeck die Angel.“

Die Wolfsangel fand bereits im 17. Jahrhundert auf Urkunden Erwähnung, wie in einem Grenzvertrag zwischen den Fürstentümern Braunschweig-Lüneburg und Hessen beispielsweise nachzulesen ist. Sie galt

Hoheitszeichen aus vergangenen Tagen.

als Zeichen der Zusammengehörigkeit zweier Gelände. Der hannoversche König Ernst August (1771-1851) wiederum gab Mitte des 19. Jahrhunderts der Wolfsangel eine weitere Bedeutung als Zeichen des hannoverschen Forst- und Jagddienstes. Sie fand sich damit nun auf Uniformteilen wieder, an Knöpfen, Epauletten, Koppelschlössern oder Schulterriemen und war auch an den Dienstmützen der hannoverschen und braunschweigischen Forstaufseher angebracht.

Das Symbol ist heutzutage jedoch nicht unproblematisch, hat es doch eine politisch äußerst negative Konnotation, weil es in der NS-Zeit von nationalsozialistischen Organisationen und SS-Einheiten verwendet wurde. Adjutanten der Hitlerjugend trugen es am Ärmel, der NS-Schülerbund verwendete es als Ausdruck von besonderer Wehrhaftigkeit. Aufgrund dieser Zuordnung gilt die Angel heute auch als Symbol von verfassungsfeindlichen, rechtsextremen und nationalistischen Organisationen.

„Die Verwendung der Wolfsangel als Symbol ist eine Straftat und darf nach § 86a StGB in der Bundesrepublik Deutschland nicht mehr als Kennzeichen einer Organisation gezeigt werden – es sei denn, die Bedeutung ist eine andere wie beispielsweise hier in Norddeutschland, wo sie im Forstbereich auf eine weit zurückreichende Geschichte schauen kann“, erklärt Friedrich dazu, „dennoch muss sich manche Gemeinde, die das Symbol in ihrem Wappen trägt, heutzutage immer wieder Nachfragen gefallen lassen, die eine gedanklichen Nähe zur NS-Ideologie formulieren. Es erfordert schon ein bisschen Ge-schichtsverständnis, um die historischen Zusammenhänge dazu zu verstehen und richtig zu interpretieren.“

So geht's zur Wolfsangel:

Im Waldgebiet Neustädter Holz: Nienburger Straße stadtauswärts, nach der Bebauung rechts (Betriebsgelände) die Straße Am Sportplatz direkt dahinter rechts einbiegen und bis zum Ende gehen. Dann den rechten Wanderweg einschlagen, der zu einem Altarm der Aller führt. Weg aus dem Wald heraus Richtung Flussaue verlassen. Entlang des Waldrandes sind einige Steine zu finden.

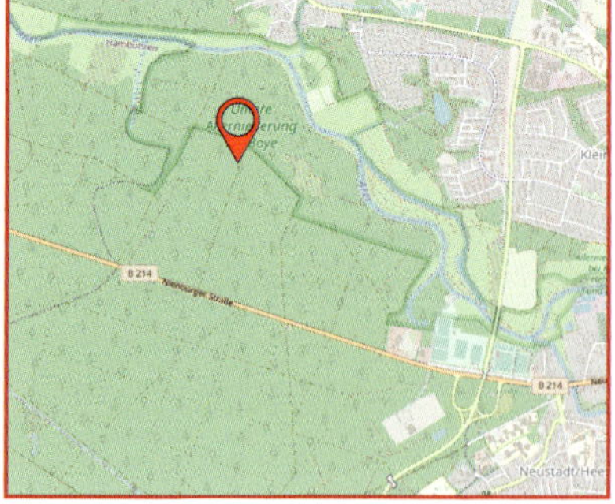

Klaus Waschkewitz zeigt auf den Baumeister des alten Celler Rathauses.

Relief 15

Baumeister im Mittelalter

Das Celler Rathaus ist schon sehr alt. Es wurde wahrscheinlich bereits mit der Stadtgründung 1292 errichtet, gleichwohl findet sich eine urkundliche Erwähnung erstmals 1378. Im Jahr 1561 indes wurde ein Neubau über den Gewölben des mittelalterlichen Vorgängerbaus errichtet, an dessen Fassade sich einer der damaligen Baumeister und Ratsmaurer wohl selbst ein kleines Denkmal gesetzt hat. „Jakob Rieß, so hieß der herzogliche Baumeister“, erklärt Gästeführer Klaus Waschkewitz und zeigt auf ein kleines Relief links vom Rathaus-Portal am Eingangspfeiler. „Doch da muss das Auge schon geschult sein, um es zu entdecken.“

Und tatsächlich: Inmitten der Ostfassade, welche sich heute mit einer sogenannten Illusionsmalerei aus dem 17. Jahrhundert präsentiert, ist sein Konterfei als Relief zu entdecken. Doch über mehr als seinen Namen sei nichts weiter bekannt über den Baumeister, der hier in Celle architektonische Spuren hinterließ, so Klaus Waschkewitz. Dennoch lohnt ein genauerer Blick auf das Gebäude: Der Nordgiebel des Celler Rathauses wurde im Stil der Weserrenaissance 1579 gebaut. In den Jahren 1580/81 erfolgte eine Erweiterung – der Südflügel entstand. 1785 kam der Umbau in Massivbauweise hinzu. Ein Knick zwischen den verschiedenen Bauten, die schließlich verbunden wurden, ist noch erkennbar. 1938 wurde der Rathausbau Richtung Süden um fünf Meter verlängert sowie die Innenarchitektur neugestaltet. Als Mitte der 1980er-Jahre ein Neuanstrich notwendig wurde, kamen bei Arbeiten 13 Farbschichten auf der Fassade außen zutage, die im Laufe der Jahrhunderte aufgetragen worden waren – viele monochrome Grau- und Gelbtöne aus Kalk-, Ölfarben- und Kunstfarbe.

„Die große Entdeckung der besagten Illusionsmalerei mit der ungewöhnlichen Diamantquaderung, die den Eindruck vermittelt, dass sich die Steine nach außen verstärken, und den gemalten Nischen, Säulen, Löwenköpfen, Fruchtornamenten und Muscheln, das war wirklich eine kleine Sensation", kann Klaus Waschkewitz dazu berichten. Im Rat der Stadt wurde beschlossen, die alte Fassade wieder herzustellen. Doch die neue Kunst hielt nicht lange. Die neu aufgetragenen Ölmalereien vertrugen sich nicht mit dem historischen Putzuntergrund und machten eine aufwändige Sanierung erforderlich. „Dafür wurde das Rathaus à la Christo verhüllt."

„Dafür wurde das Rathaus á la Christo verhüllt."

Zudem stellte sich dann noch heraus, dass der Putz mit den Barockmalereien teils so schwer beschädigt war, dass die Erhaltung auf der Fassade kaum mehr möglich war. Fassade und Putz wurden kurzerhand von der Wand abgelöst und konserviert. Für die neue Fassadenbemalung wurden Putzmuster angelegt und Farbtöne nach Originalvorlagen konzipiert, schließlich der Sanierputz sowie die Malereien aufgetragen.

Es dauerte Jahre und kostete fast zwei Millionen Euro, bis die Fassade im Glanz der einzigartigen Form dieser Scheinarchitektur, die das Vorhandensein baulicher Elemente und Einrichtungen vorgibt und für jene Zeit typisch ist, neu erstrahlte.

Die Celler Bewohnerschaft indes war hin- und her gerissen. Viele sehnten das „Welfen-Gelb" zurück, welches den Bau bis dahin dominiert hatte. Doch die Malereien sind im gesamten norddeutschen Raum einzigartig – es gibt nichts

Vergleichbares. Gleichwohl steht in Goslar ein Gildehaus aus dem Jahr 1494, heute Hotel Kaiserworth, welches eine ähnliche Fassadenmalerei vorweisen kann. Jedoch geht hier die Quaderbemalung eher nach innen.

Jakob Reiß hätte sicherlich seine Freude daran, zu sehen, dass „sein" Rathaus hier noch immer von dieser solcher Bedeutung ist, wenngleich in dessen Mauern kaum mehr die städtischen Verwaltungsaufgaben geregelt werden. Dazu dienst das Neue Rathaus, 1873 als „Große Infanterie-Kaserne" südlich der Altstadt erbaut.

Der Baumeister war bestimmt auch oftmals zu Gast im ehrwürdigen Ratskeller, der bereits im Mittelalter im Keller des alten Rathauses eine beliebte Schenke war. Mit seinem gotischen Kreuzgewölbe gilt dieser heute als älteste Gaststätte in Niedersachsen. Er liegt tief unterhalb des kleinen Reliefs und erhielt bereits im Juni 1378 das herzogliche Schankrecht für Wein und auswärtige Biere – das Einbecker gibt es darin seitdem bis zum heutigen Tage. Prost, Jakob!

So geht's zum Relief:

Das Relief befindet sich am Haus in der Straße Markt 14.

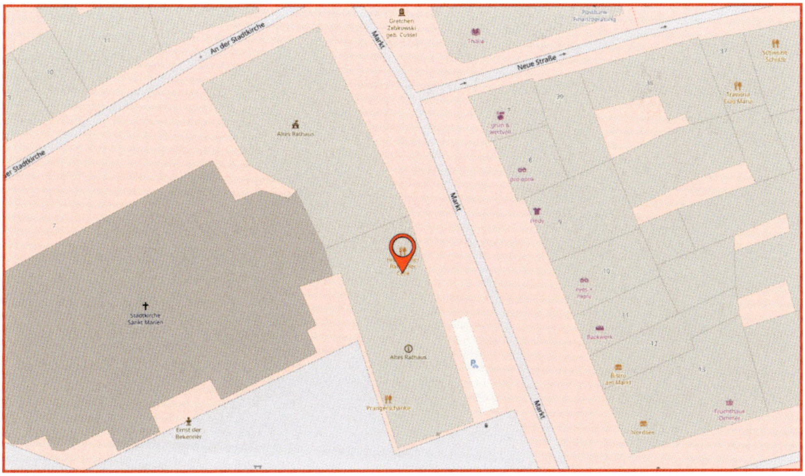

Skulptur

Ungewöhnlicher Bienenstock

Eine Brosche ziert das Dekolleté der letzten Celler Herzogin Éléonore (1639-1722), die ein großes weißes Pferd am Zügel hält. Doch dieses Schmuckstück ist mehr als ein Hingucker an der über drei Meter hohen Holzfigur im Französischen Garten, die von der Holzbildhauerin und Schnitzerin Birgit Jönsson geschaffen wurde. Hat man im Frühling und Sommer, wenn es allerorts im Garten blüht, die Gelegenheit, die Skulptur etwas genauer zu betrachten, sieht man immer wieder Bienen durch die Brosche- ein und ausfliegen.

„Die Brosche hat eine sehr wichtige Funktion – sie ist sozusagen ein Einflugtor", erklärt dazu Kerrit Riesbeck, die sich mit Bienen besonders gut auskennt. „Die Skulptur namens Figurenbeute ist nämlich ein Bienenstock und steht seit 2002, anlässlich des 75-jährigen Jubiläums, im Garten des Instituts für Bienenkunde, Kompetenzzentrum für alle Belange der Bienenhaltung sowie angrenzender Bereiche wie zum Beispiel Pflanzenschutz, Landwirtschaft." So ist es auch auf der Homepage des Instituts, das zum Niedersächsischen Landesamt für Verbraucherschutz und Lebensmittelsicherheit zählt, nachzulesen.

„Die Brosche hat eine sehr wichtige Funktion – sie ist sozusagen ein Einflugtor."

„Früher hielten die Bauernfamilien auf fast jedem Anwesen in der Heide eigene Bienenvölker und bereits in der Steinzeit kannten die Menschen den Nutzen von Honig als begehrte Energiequelle", kann die Gästeführerin, die auch Führungen im Institut anbietet, weiter berichten. „Das Mittelalter gilt als Blütezeit der Bienenhaltung und jahrhundertelang war die Heide mit ihren weiten Flächen das Honigland schlechthin." Mit Honig wurde rege Handel betrieben, dafür wurden hohe Honig- und Wachszinsen erhoben." Und Celle gilt als einer der größten Umschlagplätze des Nordens, es gab hier bereits im 16. Jahrhundert eine berufsmäßige Imkerei.

Die Zeidler, auch Honigschneider und Honigsammler genannt, waren

Kerrit Riesbeck weiß, was am Dekolleté der Celler Herzogin zu entdecken ist.

hoch angesehen, genossen besondere Privilegien und bildeten Zünfte, manche von ihnen trugen eine grüne Tracht mit langer Zipfelmütze und durften eine Armbrust bei sich führen. Die Zünfte lebten teils eigene Rechtsbräuche und jene mittelalterliche Gerichtsbarkeit hat streng genommen noch immer ihre Gültigkeit, nachzulesen in den vier unter Juristen als legendär bezeichneten „Bienenparagrafen", die Paragrafen 961 bis 964 des Bürgerlichen Gesetzbuches, welche den Eigentumsverlust, die Vereinigung oder Vermischung von Bienenschwärmen sowie die Verfolgungsrechte der Eigentümer noch immer regeln.

Vornehmlich wurde in Celle die Korbimkerei betrieben, auch Heideimkerei oder Schwarmbienenzucht genannt. Die Bienenschwärme sammeln dabei im Spätsommer den Honig von den blühenden Heideflächen. Überall standen einst (und stehen heute noch wenige) aus Stroh geflochtenen Körbe, manche rund, manche eckig, als Quartier für die Bienen, die sogenannten Lüneburger Stülper. Die fleißigen Insekten bauen darin die Waben aus ihrem eigenen Drüsensekret, der Honig kann in Scheiben herausgeschnitten werden. Scheibenhonig gilt heute als seltene und besondere Spezialität.

„Um die Heideimkerei weiter zu fördern, wurde 1927 in Celle das Institut gegründet."

Die meisten Imker nutzen heute die Magazinbeuten. Dazu werden Holzkästen mit getrennten Brutwaben und bereits vorhandenem Wachsangebot auf variablen und einzeln entnehmbaren Wabenrahmen genutzt, die bequem herauszuziehen sind.

Der Rückgang der Heideflächen im 19. und 20. Jahrhundert versetzte der Imkerei aber indes beinah den Todesstoß. Um die Heideimkerei weiter zu fördern, wurde 1927 in Celle das Institut gegründet. Es ist in Niedersachsen heute landesweit für die Aus- und Fortbildung, sowie Beratung von Imkern zuständig und bietet die Ausbildung zum Tierwirt, Fachrichtung Imkerei an. Die Aufgabe des Instituts ist neben schulischen und universitären Lehraufträgen die Untersuchung, Erforschung und Umsetzung von Bienenzucht, Pathologie, sowie Honigforschung, -produktion und -vermarktung, ebenso Pollenanalyse, Wirkungsweise von Pflanzenschutzmitteln und vieles andere mehr.

Am über drei Hektar umfassenden Institut sind über 30 Mitarbeiter in Sachen Imkerei, Labor und Verwaltung tätig, sie kümmern sich um 800 Völker heimischer Bienenarten, vor allem die sogenannte Apis mellifera carnica – unter Imkern schlicht als Carnica betitelt und auch als Kärntner oder Krainer Biene bekannt. Ursprünglich südlich der Alpen beheimatet, bezeichnet sie eine Unterart der Westlichen Honigbiene und gilt als nördlichste Vertreterin der sogenannten Balkan-Rassengruppe. In der zweiten Hälfte des 20. Jahrhunderts wurde die Carnica, welche Eigenschaften wie Sanftmut, Friedfertigkeit und Leistungskraft vorweist, im gesamten deutschsprachigen Raum verbreitet, was zur Folge hatte, dass die hierzulande beheimatete und vergleichsweise recht stechlustige Dunkle Europäische Biene heute kaum mehr zu finden ist.

Das Celler Bieneninstitut ist international bekannt und bei Seminaren und Symposien weltweit vertreten. Sehr anschaulich wird auf dem Institutsgelände in einem Treppenspeicher von 1607 sowie in Teilen der 1677 erbauten ehemaligen herzoglichen Orangerie des Celler Residenzschlosses das Imkerwesen in der Heide gezeigt.

„Die Figurenbeute stellt mit den dargestellten Attributen gleich in mehrfacher Weise den Bezug zu Celle dar“, findet Kerrit Riesbeck, „denn der Bienenstock steht für die lange Honigtradition in der Stadt, das Pferd für das im frühen 18. Jahrhundert gegründete Landgestüt und die Herzogin für die Welfen, die hier einst Geschichte geschrieben haben.“

So geht's zur Skulptur:

Der Bienenstock befindet sich in der Herzogin-Eleonore-Allee 5 im hinteren Teil des Gartens des Instituts.

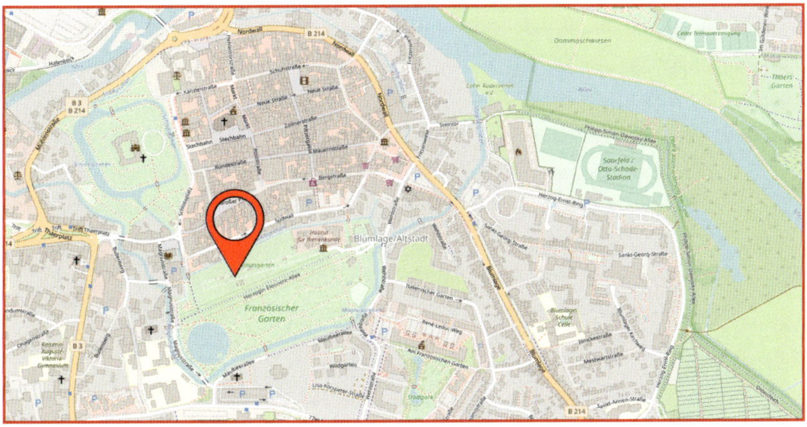

17

Heidefläche

Besondere Kulturlandschaft

Verborgen in einem Wäldchen, verwunschen, beinah mystisch. Eine kleine Heidefläche, kaum bekannt. So kann es aussehen an Celles Stadtgrenzen, etwa nahe der Oberen Allerniederung, zwischen den Ortsteilen Altencelle und Lachtehausen. Man muss jedoch wissen, wo man suchen muss, einfach so ist das viel gerühmte Lilaland hier kaum zu finden. Doch die Suche lohnt sich und die Belohnung winkt mit einem verwunschenen Fleckchen Erde – vor allem zur Zeit der Heideblüte. Diese beginnt, so sagt man hier, alljährlich am 8.8. und endet am 9.9., so jedenfalls lautet Pi mal Daumen die alte Heidjer-Faustformel. Aber die Blütezeit ist stets von der Gesamtwetterlage abhängig – wo es wann wieviel Regen und Sonne gibt. Erste Prognosen gibt's stets erst im Juni.

„Die Heideblüte ist der absolute Höhepunkt des natürlichen Jahreskreislaufes nicht nur in Celle, dem sogenannten Tor zur Südheide", weiß die Celler Fotografin Lisa von Rekowski dazu zu berichten, welche die wunderschöne Kulisse gerne für Foto-Shootings nutzt. „Aber sie reizt nicht nur im Sommer. Die besondere Stimmung bei Herbstnebel ist legendär und die teils bizarren Winterlandschaften laden auch bei Eiseskälte zu einzigartigen Naturerlebnissen ein."

„Die Heideblüte ist der absolute Höhepunkt des natürlichen Jahreskreislaufes nicht nur in Celle, dem sogenannten Tor zur Südheide."

Der Nationalpark Südheide, der bis an die Stadtgrenze von Celle heranreicht, umfasst etwa 480 Quadratkilometer Natur. Er gehört wiederum zum Naturpark Lüneburger Heide, dem ersten, größten und bekanntesten Naturpark in Deutschland überhaupt – und einst von dem Dichter Hermann Löns initiiert, der für viele Naturbegeisterte deswegen als einer der führenden Wegbereiter des Umweltschutzes gilt. Der Naturpark Südheide indes wurde 1964 gegründet, Träger ist der Landkreis Celle. Er beginnt nördlich von Celle und liegt in etwa zwischen den

Heidefläche gibt es auch im Celler Stadtgebiet.

Heideorten Eschede, Hermannburg, Müden/Örtze, Faßberg und Unterlüß.

Ursprünglich wurde der Begriff Heide für unbebautes Land verwendet, später kennzeichnete das Wort generell nicht urbar zu machende Landschaften. Natürliche Heidelandschaften gibt es heutzutage nur noch wenige. Umso mehr aber die vom Menschen geschaffenen, die den Bewuchs mit dem lilablühenden Heidekraut zeigen.

„Diese Kulturlandschaften entstanden vor allem durch intensive Abholzung zur großflächigen Bewirtschaftung, denn die kargen Böden gaben nur wenig her. Der größere Ertrag aber sicherte das Überleben", berichtet die Fotografin weiter. „Doch der Boden verarmte weiter. Ein neue Nutzpflanze siedelte sich schließlich an: Die Besenheide." Ohne landschaftspflegerische Maßnahmen, beispielsweise das sogenannte Entkusseln, eine besondere Form der Kulturlandschaftspflege zur Offenhaltung von Heiden, bei dem unter anderem das kleine Gehölz, also etwa Baumschösslinge, aus dem Boden zu entfernen sind, würden daraus irgendwann Wälder. Als Kussel wird ein einzelner und verkümmerter kleiner Baum bezeichnet.

„Zuhauf zogen sie aus, um in der Einzigartigkeit und Schönheit der Landschaft zu verschiedenen Jahreszeiten Inspiration zu finden."

Aber vor allem der Verbiss der berühmten Heidschnucken ist zum Erhalt der Heidelandschaft vonnöten. Die Tiere haben den Namen ihren kulinarischen Vorlieben zu verdanken. Schnökern ist ein typisch norddeutscher Begriff, der für Naschen steht – und sie naschen am liebsten Gras, Wildkräuter und Heidekraut. Schnucken ist eine Ableitung von Schnökern. Sie könnten auf Hochdeutsch also eigentlich auch Heidenascher heißen. Die Tiere, früher vor allem wegen der dicken Wolle und des guten Düngers gehalten, ziehen jeden Tag über die Heide und laufen dabei auch schon mal bis zu zehn Kilometer.

Im 19. Jahrhundert entdeckten Künstler die Heide. Zuhauf zogen sie aus, um in der Einzigartigkeit und Schönheit der Landschaft zu verschiedenen Jahreszeiten Inspiration zu finden. Dichter hielten diese Eindrücke auf vielfältige Weise in wohlklingenden Reimen fest, ambitionierte Maler verewigten sie auf Leinwand, Fotografen bannten sie auf Kodak, Musiker gaben ihren besonderen Zauber in ihren Liedern wieder. Später kamen die Filmemacher. Und seitdem der Tourismus den Reiz der Heide entdeckt hat, spielt das Lilaland seine größte Rolle – bis heute. Vor allem in Zeiten des neuen Klimabewusstseins ist sind die hiesigen Naturparks für viele längst eine lokale Alternative zu Fernreisen geworden.

Die Südheide ist heute in großen Teilen als Landschaftsschutzgebiet ausgewiesen. Gleichwohl ist sie mit ihren geringen Höhenunterschieden ein wunderbares Wandergebiet, was ein Wanderwege-Streckennetz von über 400 Kilometern belegt. Das Radwegenetz ist ebenfalls sehr gut ausgebaut. Auch Reiten ist hier ein großes Thema, denn der sandige Boden bietet einen pferdefreundlichen Untergrund.

Und schließlich laden auch die Heidebäche Lachte, Örtze und Aschau – und nur diese, alle weiteren dürfen dafür nicht genutzt werden – zum Paddeln ein. Von Mitte Mai bis Mitte Oktober heißt es dann allerorts an den Ein- und Ausstiegsstellen Kanu los. „Paradiesische Ruhe, Abgeschiedenheit, Entspannung und schlichtweg die Gegend pur genießen, das ist hier garantiert", schwärmt Lisa von Rekowski vom Celler Lilaland, „die Heide hier muss nur gefunden werden."

So geht's zur Heidefläche:

An der Dorfstraße von Lachtehausen nach Altencelle, zweite Einfahrt rechts auf einen Schotterweg, dann geht's nach ca. 100 Metern (ab dem Wald) nur noch zu Fuß weiter. Nach weiteren rund 100 Metern geht ein Weg links rein, der um die Fläche herumführt.

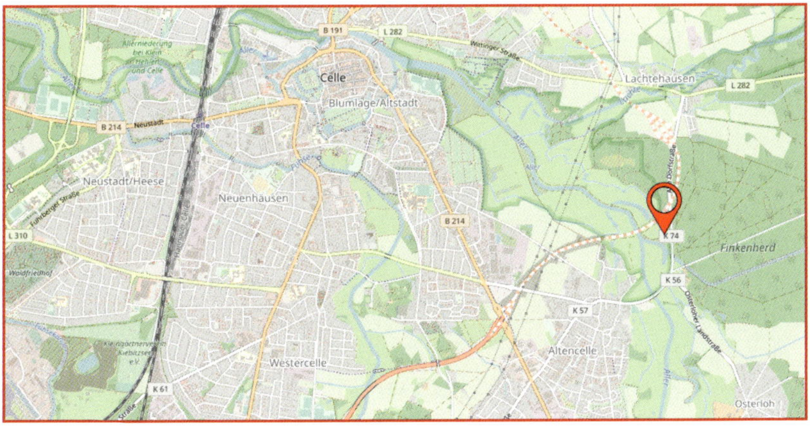

Ein Hufeisen als Glücksbringer in der Altstadt – Klau Waschkewitz kennt die Geschichte dazu.

18 Hufeisen

Glücksbringer im Boden

Hufeisen gelten schon seit langer Zeit als Glücksbringer, war Eisen doch ein teures Material, welches sich gerade die ärmeren Bauern für ihre Pferde kaum leisten konnten. Fanden sie jedoch mal eines, war es für sie ein unbeschreiblich wertvoller Fund. In Celle ist ein Hufeisen mitten auf der sogenannten Stechbahn, die einst Stekkelbahn hieß und als Turnierplatz für ausgelassene Ritterspiele fungierte, eingelassen im Pflaster zu finden.

„Es ist in Erinnerung an den Celler Herzog Otto II. (1438/39-1471), welcher der Sage nach während eines Turniers im Jahr 1471 an genau jener Stelle von seinem Streitross gestürzt und infolge dessen einige Zeit später verstorben sein soll, hier verlegt worden“, kann der Gästeführer Klaus Waschkewitz dazu Auskunft geben. „Die gegnerische Lanze soll dem Pferd den Kopf durchstochen, der Abdruck des Hufeisens dabei die Unglücksstelle markiert haben. Und trotz dieser Tragik gilt es erstaunlicherweise auch hier als Glückssymbol.“

Eine erste Erwähnung des Eisens ist in den Annalen der Stadtgeschichte für das Jahr 1763 zu finden. Seitdem verhieß es angeblich schon Glück. 1938, als die Stechbahn neu gepflastert wurde, entdeckten Arbeiter tatsächlich ein altes Eisen und einen gravierten Stein mit der Jahreszahl 1471.

Das Eisen verschwand jedoch auf ominöse Weise, niemand weiß genau, was damit geschah. Es wurde durch eine stählerne Nachbildung ersetzt, denn normalerweise rosten Hufeisen ja recht schnell. Es wurde samt Stein genau an jener Stelle verlegt, wo zuvor in der Tiefe das alte Eisen gefunden worden war, nur eben nun dem neuen Straßenpflaster angepasst. Auch die Celler Tradition, das Hufeisen als Glücksbringer zu sehen, wurde damit fortgesetzt, denn diese besagt, es soll Glück bringen, darüber zu springen – und das sollte auch weiterhin möglich sein.

„Vielleicht hat die Tradition mit dem Hufeisen damit zu tun, dass der Herzog den Beinamen der Großmütige trug. Er galt als umsichtiger Regent, der seinem Volk Ruhe, Sicherheit und Ordnung gab, auch wenn er die katholischen Köster damals schon zur Einfachheit hin zu reformieren versuchte. Zudem soll er mit seiner Ehefrau Herzogin Anna von Nassau glücklich verheiratet gewesen sein", so die Idee dazu von Klaus Waschkewitz.

Wie auch immer – nichts ist wirklich belegt, die Mär mit dem Hufeisen gehört eindeutig in den Celler Sagen- und Legendenschatz, auch wenn es eine durchaus nette Geschichte ist, die vor allem bei Stadtführungen immer wieder gern erzählt wird.

So geht's zum Hufeisen:

Pflaster an der Stechbahn, direkt auf der Ecke des Museumscafés und der Straße An der Stadtkirche.

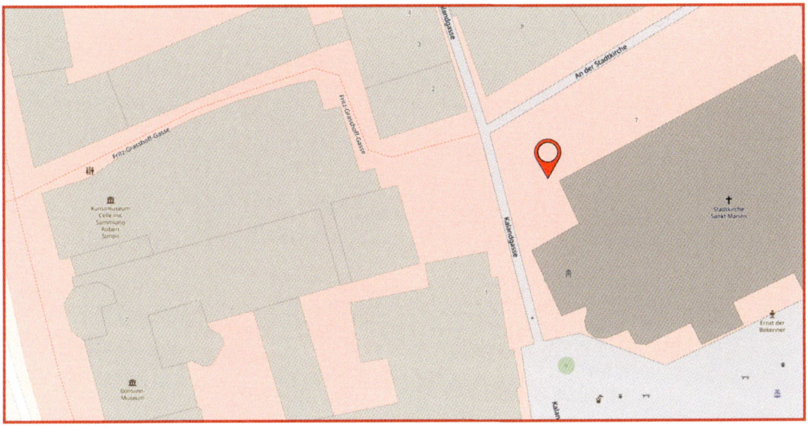

19

Eiskeller

Relikt aus alten Zeiten

Doch, ja, es gab auch schon ein Leben vor der Erfindung des Kühlschrankes. Kaum vorstellbar, aber auch damals konnten die Menschen verderbliche Lebensmittel kühlen. Einfach war das allerdings nicht. Ein Beispiel dafür ist der verborgene Eiskeller an der Damaschwiese, im malerischen Park hinter dem sogenannten Albrecht-Thaer-Haus. Man muss schon genau hinschauen, um den Eingang, eine alte Holztür vor einem aus Backsteinen erbauten Gewölbe, zu entdecken. Die Angeln sind verrostet, die vergitterten Fenster rechts und links zugemauert. Die Tür ist verschlossen, nur ein kleiner Sehschlitz lässt einen Blick ins Innere zu, doch hier ist nichts als Dunkelheit zu erkennen.

„Er gehörte möglicherweise einst zu einem sogenannten Mustergut, zu dem auch das 1786 erbaute, imposante Herrenhaus zählt", weiß dazu der ehemalige Fachbereichsleiter Grün- und Friedhofsbetrieb bei der Stadt Celle, Jens Hanssen, zu berichten und zeigt auf einem prachtvollen Bau in direkter Nähe zum Eiskeller. „Besitzer war der berühmteste Sohn der Stadt, Albrecht Daniel Thaer, der heute als Begründer der Agrarwissenschaften gilt und 1802 genau hier auf dem Gelände das erste landwirtschaftliche Lehrinstitut in Deutschland begründete."

„Besitzer war der berühmteste Sohn der Stadt, Albrecht Daniel Thaer."

Albrecht Daniel Thaer (1752-1828) ist einer der berühmtesten Männer der alten Residenzstadt. In Celle geboren, studierte er in Göttingen Medizin und praktizierte sodann als Arzt in seiner Heimatstadt. Doch sein Herz schlug viel stärker für die Landwirtschaft denn für die Medizin und abends, wenn die Kranken versorgt waren, zog es ihn auf seine Felder an der Aller. Sein Ziel: Die zu jener Zeit als sehr fortschrittlich geltende englische Landwirtschaft sollte auch hierzulande Fuß fassen – und er konnte bald mit der sogenannten Fruchtwechselwirtschaft sehr gute Erfolge erzielen, die anders als die bis-

Jens Hanssen kennt sich aus auf Celles Grünflächen – und mit dem Eiskeller.

herigen Monokulturen daraufsetzte, die Bodenfruchtbarkeit durch wechselnde Anbauten und gezielte Düngung zu erhalten, zu verbessern und dabei den Humus zu mehren. Thaer betrieb damit in Celle den ersten wissenschaftlichen Landbau des Landes. Dazu pachtete er auch noch, um weiteres Land bewirtschaften zu können, Teile der einstigen herzoglichen Fasanerie, die nördlich des Gutes lag.

Schon 1798 trat der junge Mediziner und Agronom auch als Autor landwirtschaftlicher Bücher in Erscheinung, und zwar mit seiner ersten Veröffentlichung *Einleitung zur Kenntniss der englischen Landwirthschaft und ihrer neuen praktischen und theoretischen Fortschritte in Rücksicht auf Vervollkommnung deutscher Landwirthschaft für denkende Landwirthe und Cameralisten*. 1800 erschien dazu der zweite, 1804 der dritte Band. Im gleichen Jahr hängte Thaer den Arztberuf endgültig an den Nagel, gab seine Celler Besitztümer auf, wechselte in preußische Dienste und richtete dort ein weiteres Gut ein, ab 1819 als Königlich Preußische Akademie des Landbaus tituliert. Hier entwickelte er systematisch seine Grundsätze zur Rationalisierung der Landwirtschaft und legte damit den Grundstein zu den modernen Agrarwissenschaften in Deutschland. 1811 wurde ihm die Ehrenmitgliedschaft der Leipziger Ökonomischen Societät verliehen. Deutschlandweit wurden Thaer zahlreiche Ehrenbekundungen zuteil, Straßen, Schulen und viele weitere Institutionen nach ihm benannt, er wurde auf Geldscheinen und Briefmarken abgebildet. Seit 1952 forscht die Albrecht-Thaer-Gesellschaft auf agrarwissenschaftlichen Fachgebieten und sichert zugleich dessen Andenken in Celle.

2009 wurde die Albrecht-Daniel-Thaer-Stiftung gegründet, welche es sich zur Aufgabe macht, in Brandenburg ebenfalls sein Andenken zu sichern. Und selbst der Dichtervater Johann Wolfgang von Goethe ließ es sich einst nicht nehmen, für Thaer zum goldenen Jubiläum dessen Doktorwürde einige Verse zu dichten: „Wer müht sich wohl im Garten dort und mustert jedes Beet. Er pflanzt und gießt und spricht kein Wort, so schön auch alles steht. Gewiss, ihr fragt nicht, wie er heißt – sein Name lebe fort!"

Der Keller ist bislang nicht ganz eindeutig Thaer zuzuordnen. Doch früher wurden diese vor allem zum Nutzen der wohlhabenden Bevölkerung und damit überwiegend auf Gutshöfen und Schlossanlagen angelegt. Gelagert wurde darin Natureis. Damit wurden übers Jahr Nahrungsmittel wie Käse und Fleisch gekühlt, aber auch für Herstellungsprozesse war das Eis notwendig, etwa zum Käsen oder Bierbrauen. Verwendung fand es auch in der Medizin, vor allem zum Kühlen nach Operationen, aber auch, wie heute noch üblich, bei stumpfen Verletzungen wie Prellungen und Zerrungen.

Wichtig war für die Errichtung und erfolgreiche Nutzung stets eine kühle, gut geschützte und trockene Lage, ein Zugang möglichst von Norden – hier in Celle befindet er sich allerdings im Westen – und möglichst kleine Entnahmeluken. Wenn alle Voraussetzungen erfüllt waren, lag die Temperatur in Eiskellern hierzulande sommers wie winters bei etwa acht bis zehn Grad Celsius. Die meisten Eiskeller sind heute zugeschüttet, verfallen, verschwunden oder schlicht vergessen und nur wenige werden tatsächlich als solche noch genutzt. „Der Thaer'sche Eiskeller aber blieb aber all die Jahre unberührt von neuen Besitzverhältnissen, baulichen Veränderungen oder politischen Strömungen", erklärt Hanssen weiter. „Somit überlebte er als einer der ganz wenigen Keller in Deutschland. Heute dient er wegen seiner konstanten Temperatur Fledermäusen als Ganzjahresquartier."

Das Thaer'sche Gutshaus hat eine wechselvolle Geschichte vorzuweisen, war zwischenzeitlich Kaffeewirtschaft, Gasthaus mit Bierausschank und Tanzsaal, Reservelazarett und in der NS-Zeit Quartier und Schulungsstätte der SS. Heute hat darin die Stiftung Niedersächsische Gedenkstätten ihren Sitz.

So geht's zum Eiskeller:

Der früher als Eselsweg bezeichnete Spazierweg die Aller entlang führt bis hinter das Gut.

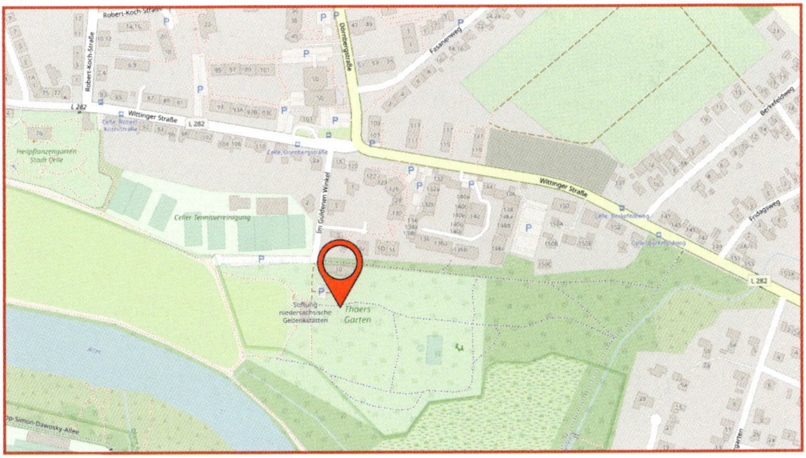

Fr. Huth Nachf.
Immer schüren
Nimmer schüren
Inhaber:
Dr. Joachim
Schwanitz
Gegründet
1851

20

Logo

Schafsbock statt wilder Tiere

Nicht jede Stadt kann sich mit einer Kaffeerösterei rühmen und schon gar nicht mit einer, die sich einst auch als königlicher Hoflieferant bezeichnen durfte. 1851 begründete Friedrich Huth das *Colonial- und Materialwarengeschäft* in Celle, welches heute als *HUTH'S Kaffee & Feinkost* firmiert. Man muss nur immer der Nase nach gehen – und schon steht man vor der Rösterei mitten in der Stadt, denn es ist fast täglich zu erschnuppern, wenn die Maschine in Bewegung ist.

„Huth handelte bereits um 1850 erfolgreich mit Tee, Gewürzen, Kakao und, damals noch üblich, Rohkaffee, und das aus allen Herren Ländern", berichtet dazu der derzeitige Inhaber Dr. Joachim Schwanitz, der eigentlich Jurist ist, „was ihm schließlich die Möglichkeit bescherte, königlicher Hoflieferant zu werden."

Nun durfte er im Schild über dem Eingang natürlich auch das Wappen des hannoverschen Monarchen mit dem gelben Herzschild und dem berühmten blauen Löwen in dessen Mitte führen, umrahmt von Davidsharfe, weiteren Löwen, Leoparden und dem silbernen niedersächsischen Pferd. Es hängt da heute noch, allerdings in etwas abgeänderter Form. Und das kam so: Im Jahr 1896 – das Königreich Hannover gehörte seit 30 Jahren bereits der Vergangenheit an, die Stadt stand unter preußischer Provinzialverwaltung und der neue Inhaber des Ladens hieß nun Hermann Bock – hing das royale Wappen noch immer. Bock musste sich nun aber, weshalb auch immer, erklären und er entging der polizeilichen Entfernung des Schildes nur dadurch, dass er das Wappen über Nacht verändern ließ. Er beauftragte dafür einen Maler, der es kurzerhand übermalte. In Anlehnung an den Nachnamen des neuen Besitzers wurde allerdings nur die Mitte weiß übertüncht. Seitdem ist darauf ein imposanter Schafsbock mit runden Hörnern zu sehen, welcher von der Obrigkeit anstandslos akzeptiert wurde – obgleich die eigentlichen Insignien des hannoverschen Königs damit keinesfalls verschwanden. Noch heute ist nämlich der Bock von der hannoverschen Königskrone gekrönt und wird von einem Löwen und einem silbernen

Ein bisschen Königreich ist bis heute noch erkennbar: ein besonderes Ladenschild.

Einhorn gehalten. Und wo einst in goldener Schrift das königliche Motto und damit die Worte *suscipere et finire* (beginnen und beenden) zu finden waren, steht heute schwarz auf weißem Grund geschrieben: *Immer schüren. Nimmer schlüren.*

Das Schild konnte an seinem abgestammten Platz verbleiben, der Schafsbock wurde zum neuen Logo des Hauses. Heute ziert er jede Kaffeetüte, die das Geschäft verlässt. Und betritt man dieses, taucht man in eine beinah vergangene Welt ein. Das Ladengeschäft präsentiert sich heute noch weitestgehend im Gewande von 1896, als es grundlegend renoviert und erweitert worden war. Fußboden und Ladeneinrichtung stammen noch aus jener Zeit. Es folgten weitere Um- und Ausbauten, ein Kontor kam hinzu, 1898 eine Kafferösterei. Der Boden und die Jugendstilfliesen in der Rösterei erinnern heute noch an diese Veränderungen.

Mehr als 20 hausgeröstete Kaffee- und Espressosorten sind hier zu bekommen, das Magazin *Feinschmecker* hat Huth als eine der besten deutschen Röstereien ausgezeichnet. Der heutige Besitzer in fünfter Generation bietet Führungen durch die Rösterei an. Aber eine lange Tradition ist der neuen Zeit mittlerweile angepasst worden:

„Time is changing“, erklärt Dr. Schwanitz dazu, „die bislang rein männliche Belegschaft, die sich der Kundschaft stets in weißen Kitteln präsentiert, ist erstmals 2006 durch weibliche Kräfte aufgestockt worden. Heute sind mehr als die Hälfte unserer Angestellten Frauen.“

So geht's zum Logo:

Das Haus steht Am Großen Plan 7, Das Schild hängt über dem Eingang.

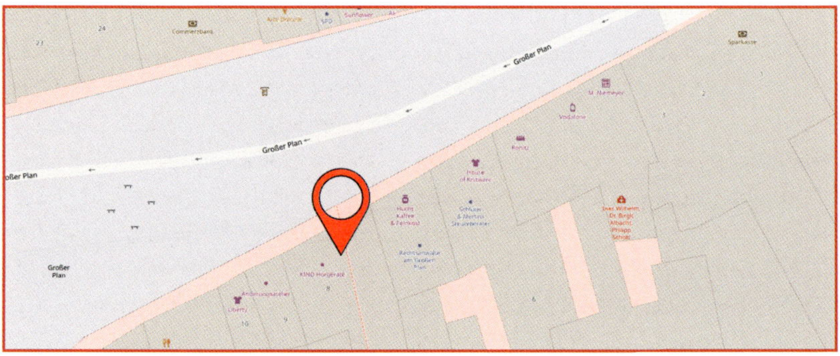

Geld für eine Fahrt ohne Wiederkehr: der berühmte Obolus für den Fährmann.

21

Obolus

Geld für eine Überfahrt

Das pittoreske Puppenstuben-Image ist die eine Seite von Celle, das permanente Streben nach der Verbindung von Tradition und Moderne die andere. Gelungen ist das besonders in Sachen Kunst. Auf der Straße Stechbahn ist beispielsweise eine moderne, jedoch recht rätselhafte bronzefarbene Skulptur zu entdecken, die, etwa zwei Meter hoch, hier gemeinhin als *Mann, der durch die Tür geht* betitelt wird. So lautet in etwa auch der Originaltitel *Homme passant la porte*, den der französischen Künstler Jean Robert Ipoustéguy (1920-2006) seinem 1966 entstandenen Werk gegeben hat. Sie fügt sich mit ihrer Andersartigkeit wunderbar in die Kulisse zwischen Fachwerk und Kirchturm, aber was will sie uns sagen?

Schaut man ein wenig genauer hin, sieht man, in der Figur steckt tatsächlich ganz viel Aussage – hier geht niemand nur einfach so durch eine Tür. Da fällt etwa der Blick auf einen Hundekopf, er steht für den Höllenhund Cerberus, dessen Aufgabe es in der griechischen Mythologie war, den Eingang zur Unterwelt zu bewachen, damit kein Lebender eindringe und kein Toter herausfinde. Die Wülste am Hinterkopf des Mannes wiederum sind als Sinnbild von abgeschnittenem Haar zu verstehen, was auf die griechische Göttin Persephone hinweist, Gattin des Hades, die den ins Totenreich ihres Gatten Eingetretenen gelegentlich auch mal die Haare abschnitt.

Und schließlich ist ein Obolus in der Hand des Mannes zu finden, das Geld für den Fährmann Charon, der für die Fahrt in das Todesreich über die Styx, welche den Hades neunmal umfließt, entlohnt werden muss. Die Skulptur symbolisiert somit inmitten moderner Hast das Sterben als bewussten Akt für den vom Tod überraschten Menschen. Die Tür darf dabei für den Übergang vom Leben in den Tod stehen.

Der französische Bildhauer, Zeichner, Aquarellist und Schriftsteller Jean Robert Ipoustéguy wurde im Jahr 1920 in Dun-sur-Meuse in der Region Grand Est in Frankreich geboren. Die Verhältnisse in der lothringischen Familie waren bescheiden. Mit 18 Jahren ging er nach Paris, wo er Abendkurse für Zeichnen und Malerei an der städtischen Kunstschule belegte. Eine weitere, akademische Ausbildung verblieb. Er arbeitete er als Kunstmaler, bis er im Zweiten Weltkrieg (1939-1945) als Soldat dienen musste. Er begann er damit, Entwürfe für Bleiglasfenster zu zeichnen und wirkte schließlich an der Ausgestaltung der Kirche Saint-Jacques in Montrouge, Teil der Banlieue Parisienne, mit. Ab 1949 lebte und arbeitete der Künstler in Choisy-le-Roi bei Paris.

Doch er bewegte sich lange abseits der großen Kunstströmungen jener Zeit, was zur Folge hatte, dass er von offizieller Seite kaum Anerkennung fand. Ipoustéguy wandte sich schließlich der plastischen Gestaltung zu – und fand damit Eingang in die Kunstszene der sogenannten upper artists. 2004 kehrte Ipoustéguy zurück in seine Heimatstadt.

„Doch er bewegte sich lange abseits der großen Kunstströmungen jener Zeit, was zur Folge hatte, dass er von offizieller Seite kaum Anerkennung fand.“

Der Franzose gilt heute als bedeutendster Vertreter des Neuen Realismus in der Plastik. Er war 1964 und 1977 als Künstler auf der *Documenta* in Kassel vertreten, 1989 wurde ihm der Preis der Heitland-Foundation Celle verliehen.

Jean Robert Ipoustéguy verstarb im Februar 2006 im Alter von 86 Jahren.

Seine letzte Ruhestätte fand er auf dem Cimetière Montparnasse in Paris.

Eine weitere Ipoustéguy-Skulptur steht in Celle vor der Stadtbibliothek. Die Bronzeplastik *Lecture* stellt ein lesendes Mädchen mit übergeschlagenen Beinen dar. Es hält ein Buch in der Hand und krault dabei eine Katze, welche auf seinem Schoß ruht. Was ist die Aussage dieser Skulptur? Lesen ist eine schöne Sache, doch das aufgeschlagene Buch sowie die großzügig aufgefächerten Lamellen, welche den Rahmen der Plastik bilden und diese licht und offen anmuten lassen, legen eine zweite Interpretation nahe, nämlich dass das Lesen Horizonte öffnet und den Geist erweitert.

Heute bezeichnet die Münze, der griechische Obolus, nur noch im übertragenen Sinne meist eine Spende oder ein kleines Trinkgeld. Diese hat auch nichts mehr mit der Überfahrt ins Totenreich zu tun. Wer aber seinen Obolus leistet, leistet seinen Beitrag zu einer wichtigen Sache.

So geht's zum Obolus:

Er befindet sich befindet sich an der Skulptur auf der Stechbahn vor Haus Nr. 2.

Im Schlosspark kennt sich Kerrit Riesbeck aus.

22 Baum
Exotik im Schlosspark

Der knapp sechseinhalb Hektar große und frei zugängliche Celler Schlosspark ist, was hier kaum jemand weiß, voller exotischer Bäume. Der Park war ursprünglich das Gebiet der Schlossbefestigung mit Wall und Graben. Diese Anlagen wurden ab 1784 bis 1827 abgetragen, das Material größtenteils in den ursprünglich sehr viel breiteren Schlossgraben verfüllt. Als englischer Landschaftspark konzipiert wurde das Gelände, seinerzeit der Sommerresidenz der Welfen zugehörig, zwischen 1847 und 1866 nach den Plänen des Hannoveraner Garteninspektors Schaumburg angelegt. „Über 50 besondere Baumarten wurden dafür neu angepflanzt, die heute vor der großartigen Kulisse des Celler Schlosses als exotische Naturdenkmäler zu finden sind“, erklärt die Celler Gästeführerin und versierte Baumkennerin Kerrit Riesbeck. „Kleine Schilder kennzeichnen die Bäume und vermitteln entsprechende Infos.“ Eine Sumpfzypresse mit einem Stammumfang von über drei Metern steht hier ebenso wie etwa eine Kaukasische Flügelnuss, eine Zerreiche oder Papierbirke, ein Ginkgo, Zuckerahorn, Amberbaum, Urweltmammutbaum oder Götterbaum.“ Ein Exemplar ragt aus der Vielfalt besonders heraus: der Davidia involucrata, ein sogenannter Taschentuchbaum. Dieser besondere Baum stammt ursprünglich aus China und kann bis zu 15 Meter hoch wachsen. An ihm sind die großen Blüten, die sich ab dem späten Frühling von Mai bis Juni zeigen, besonders auffällig: Sie sehen aus wie weiße Papier-Taschentücher.

So geht's zum Baum:

Der Taschentuchbaum steht im nördlichen Bereich des Parks, am besten den Eingang Mühlenstraße, nehmen, er ist direkt rechts vor der Brücke, die über den Schlossgraben führt.

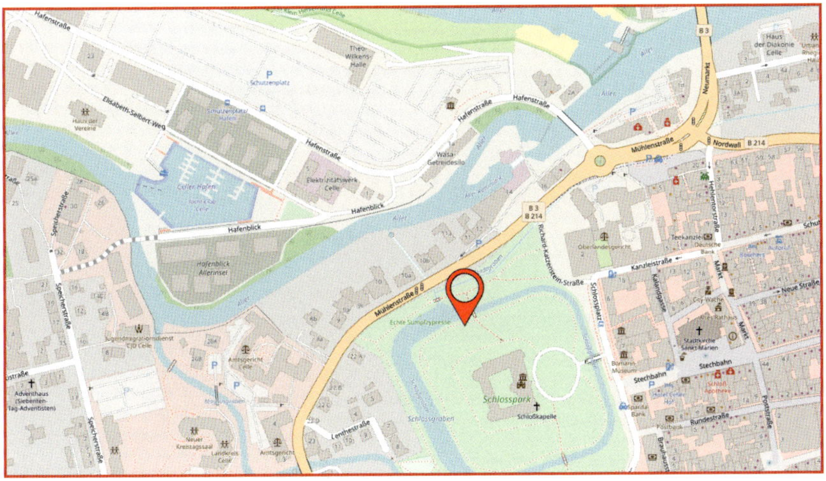

23

Löwe

Symbol des Welfenlandes

Der Löwe, oftmals auch als König der Tiere bezeichnet, ist ein beliebtes royales Symbol in der Wappenkunde, denn er steht für Würde, Mut und Stärke. Typische Körpermerkmale wie Kopf und Pranken finden sich dabei meist deutlich herausgearbeitet. Und natürlich darf auch die Mähne nicht fehlen, manchmal vielleicht auch nur angedeutet. Beliebt ist die Abbildung des Tieres in Gold und so ist es, wenn auch nur winzig klein, am Celler Schloss zu entdecken – an einer Türklinke. Es ist naheliegend, das Tier mit den Welfen in Verbindung zu bringen, denn das Celler Schloss war jahrhundertelang als Residenz der Fürsten von Braunschweig und Lüneburg in ihrem Besitz. Braunschweig ist das Stichwort, hier hatte sozusagen der Urwelfe, wie man Heinrich den Löwen (um 1130/35 bis 1195) bezeichnen kann, im 12. Jahrhundert gewirkt und machte den Ort zu einem repräsentativen fürstlichen Machtzentrum, was bis heute ein stattliches Standbild auf dem Burgplatz in Braunschweig versinnbildlicht, der berühmte Braunschweiger Löwe.

Der runde Button mit dem Löwen an der Schlosstürklinke in Celle ist wesentlich jünger und datiert in die Mitte des 19. Jahrhunderts, wie auch der Eingang selbst. Bis dahin hatte es nur einen einzigen Zugang auf der linken Seite gegeben, durch den man zum eigentlichen Schlosseingang im Innenhof gelangte.

„Die letzten beiden hannoverschen Könige nutzten das Celler Schloss als zweite Residenz und Sommersitz“, erklärt dazu Juliane Schmieglitz-Otten. „König Ernst August ließ deshalb in den Jahren von 1829 bis 1830 entsprechende Umbaumaßnahmen durchführen und aus Gründen der

„König Ernst August ließ deshalb in den Jahren von 1829 bis 1830 entsprechende Umbaumaßnahmen durchführen und aus Gründen der Symmetrie auch ein zweiten Tor einbauen.“

Relikt aus dem 19. Jahrhundert: der welfische Löwenkopf.

Symmetrie auch ein zweites Tor einbauen", weiß die Leiterin des Residenzmuseums im Schloss über den Aufbau der Ostfassade. Dafür beauftragte er seinen Haus- und Hofarchitekten, den hannoverschen Stadtplaner und Bauingenieur Georg Ludwig Friedrich Laves (1788-1864), der auch im Innenhof tätig wurde. Dort ließ er den alten Treppenturm und Gänge auf der Hofseite des Ostflügels abbrechen und schuf stattdessen ein neues geräumiges und lichtes Treppenhaus.

Die beiden Portale an der Ostfassade indes wurden optisch einander angeglichen und bekamen eine terracottafarbene Umfassung, die bis heute deutlich macht, wer hier einst der Hausherr war: das älteste, heute noch existierende Adelsgeschlecht in Europa.

„Da ist so ein kleiner goldener Löwe an der Türklinke der imposant wirkenden dunklen Holztür doch nur ein dezenter Hinweis auf die Welfenherrschaft, die 36 Jahre später – unter der Führung von Georg V., dem letzten welfischen König aus dem Hause Hannover – mit der Kapitulation der hannoverschen Truppen in Langensalza ihr Ende fand", schmunzelt Juliane Schmieglitz-Otten dazu, „andererseits ist aber nicht nur ein Löwe am rechten Türknauf zu entdecken. Ein steinernes Löwenhaupt thront auch über jedem Hoftor."

So geht's zum Löwen:

Das Tier befindet sich am Schlossplatz 1, am rechten Schlossportal.

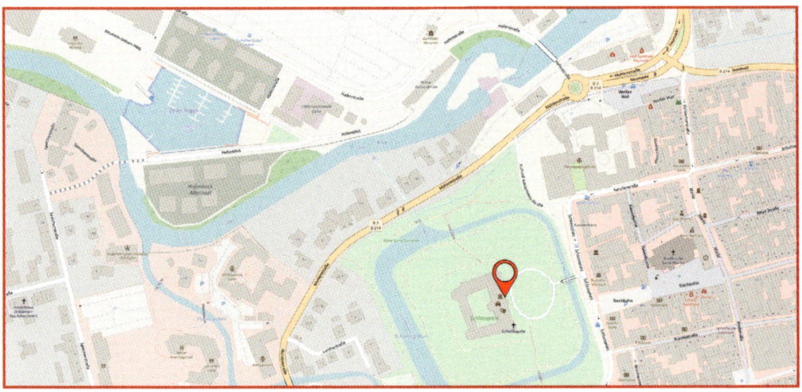

An der Fassade findet sich die Architekten-Signatur.

24

Inschrift

Signatur eines Celler Architekten

Bauhausgelb leuchtet der Schriftzug auf einem braunem Balken in der Celler Altstadt – und trotzdem wird er schnell übersehen: *Architekt Haesler*. Kein Wunder, ist dieses Relikt doch recht klein und schlicht und eher unscheinbar an der linken Seite eines alten Hauses in der Schuhstraße zu finden. Und wer schaut sich Hausfassaden schon immer gründlich an? In diesem Falle aber lohnt sich ein genauerer Blick, denn der Architekt Otto Haesler (1880-1962) gehört zu den großen Söhnen der Stadt Celle, wenngleich er eigentlich gebürtig aus München war.

Dennoch: Sein bauliches Erbe, das unter dem Begriff „Neues Bauen" Eingang in die städtischen Annalen fand, fristete lange Zeit allzu still im Dornröschenschaf vor sich hin. Erst seit dem Bauhaus-Jubiläumsjahr 2019 wurde die besondere Architektur der 1920er- und -30er-Jahre auch hier in der Stadt von einer größeren Masse wiederentdeckt –

Schätze, die den Vergleich mit bekannteren Bauhausstädten wie Weimar und Dessau gewiss nicht scheuen müssen. Doch kaum jemand brachte moderne Architektur bis dahin mit dem Ort in Verbindung, weder die Einwohnerschaft noch, bis auf einzelne Ausnahmen, die Oberen im Rat. Celle stand schließlich für das pittoreske Welfenschloss, die prachtvollen Barockbauten und die Altstadt mit den schönen Fachwerkhäusern. Doch genau an denen sind des Münchners allererste Spuren zu finden, die er hier hinterließ, lange bevor er sich dem völlig neuen Baustil verschrieb, der deutlich sichtbar eine Zeitwende in seinem Schaffen bedeutete und das Celler Stadtbild weithin mitgeprägt hat. Wenngleich das jahrzehntelang kaum jemand wissen wollte.

Otto Haesler kam 1906 mit 26 Jahren in die etwa 23.000 Einwohner zählende Stadt – er hatte sich bei einem Architektur-Wettbewerb beworben und unter 60 Teilnehmern den Zuschlag erhalten. Es ging um den Umbau eines Geschäftshauses. Der Inhaber wünschte eine Neugestaltung nach dem Vorbild der Berliner Kaufhäuser mit breiten Schaufenstern und großzügigen Auslagen. Bis dahin war der eher aus bescheidenen Verhältnissen stammende Baugewerkemeister – der Vater war Kunstmaler und, so Haesler, die Familie groß und das Budget eher klein – zunächst als Bauzeichner und Maurer tätig. 1903 hatte er eine Anstellung als Architekt in Frankfurt erhalten. Hier in Celle gründete er sein eigenes Architekturbüro. Lange galt sein Schwerpunkt der heimatlichen Fachwerkarchitektur und den Um- und Neubauten von Geschäftshäusern in der Stadt. Dabei orientierte er sich an verschiedenen Baustilen wie beispielsweise Jugendstil, bürgerlichem Barock, Neoklassizismus oder englischem Landhaus-Stil. Sein 1927 erfolgter Um- und Ausbau einer alten Baumkuchenfabrik samt Nebengebäude „zu einem stilvollen, modernen Caféhaus mit Eleganz und gepflegter Atmosphäre" ist heute noch ein Schmuckstück in der Stadt: außen Tradition, innen Innovation à la Bauhaus: Einst mit schwarzen Wandpaneelen, Thonet-Kaffeehausstühlen, Marmortischen und Wagenfeldleuchten ausgestattet, erinnert es heute mit frischem Twist und einer kleinen Dauerausstellung an Haeslers Wirken in der Stadt.

Seine Arbeiten kamen gut an. Er fand Förderung durch die teils sehr gut situierten Celler Geschäftsleute und Fabrikanten. Und auch privat war er angekommen. 1910 ehelichte er die Tochter eines vermögenden Brauerinhabers, das Paar bekam vier Kinder. Der erfolgreiche Jungarchitekt weitete seine Kontakte bald auf Hannover aus. Doch das Jahr 1914 und damit der Beginn des Ersten Weltkriegs bedeutete auch für Otto Haesler eine große Zäsur. Er wurde eingezogen, musste an die Front – und kam 1917 mit einer schweren Gasvergiftung zurück.

Unter den Eindrücken der bitteren Nachkriegszeit gewann der Rückkehrer eine neue Sicht auf die Architektur und schuf erste konzeptionelle und vor allem überzeugende Ideen gegen die Wohnungsnot. In Deutschland waren in jener Zeit über eine Million Menschen wohnungslos – ein eigenes Bett war keine Selbstverständlichkeit. 1927 beherbergte jede sechste Mietwohnung Untermieter, die sogenannten Schlafgänger oder Zimmerherren, also Nachtarbeiter, die tagsüber fremde Betten nutzten, während die eigentlichen Besitzer zur Arbeit waren. Seine planerischen Tätigkeiten zielten auf schnell verfügbaren und günstigen Wohnraum für möglichst viele Menschen – er entwarf die ersten Kleinwohnungshäuser.

„Bei jeder Sache hat man an diesem Gebäude das Gefühl: Hier ist nichts zufällig so geworden, alles ist nach allen Richtungen bedacht, überlegt, gewählt und angeordnet.“

Der Rest ist hier in Celle mittlerweile allseits bekannt: Haesler avancierte zu einem bedeutenden Architekten in der Zeit der Weimarer Republik, der vor allem im Wohnungsbau bis heute wichtige Impulse setzte. Selbst nie am Bauhaus tätig, dienten seine Entwürfe als wegweisendes Anschauungsmaterial für Schüler und Lehrer an der Bauhausschule gleichermaßen. Er schuf in der kleinen Residenzstadt Celle neben mehreren Einzelbauten die weltweit ersten großen Siedlungen. Haesler, für den der soziale Wohnungsbau das zentrale Thema wurde, setzte dabei das Motto des Bauhauses konsequent um: Licht, Luft, Sonne. Zudem brachte er Farbe in seine Architektur. In Geschlossenheit und Größe sind heute keine vergleichbaren Bau-Denkmäler in Deutschland zu finden. Und so beschrieb auch der New Yorker Journalist Philipp Johnson Haesler im Rahmen einer MOMA-Ausstellung 1923 als führenden Siedlungsarchitekten Deutschlands und vielleicht der Welt.

Die sogenannte Glasschule, für die ebenfalls ein Wettbewerb ausgeschrieben worden war, machte Haesler schließlich berühmt. Die *Berliner Morgenpost* schrieb dazu am 26. Juli 1928: „Bei jeder Sache hat man an diesem Gebäude das Gefühl: Hier ist nichts zufällig so geworden, alles ist nach allen Richtungen bedacht, überlegt, gewählt und angeordnet. Das Schulhaus in Celle bedeutet zweifellos einen gewaltigen Fortschritt für die Ausgestaltung unserer Schulbauten; und hier kann das große Berlin von der kleinen Provinzstadt viel lernen!“

Mit der zweigeschossigen Schule und ihren 1.800 Fenstern schuf der Celler Architekt Maßstäbe, die ihm internationale Anerkennung einbrachten und einen großen Besucheransturm aus aller Welt auslöste. In den ersten zwei Jahren nach dem Bau hatten über 8.000 auswärtige Besucher die Schule bereits besichtigt. Heute zählt sie zu den Sahnestücken der Bauhauskultur nicht nur in Celle, genau wie das danebenstehende Rektorenhaus, in dem durch die Bürgerinitiative „BauhausSchauhaus: Otto Haesler“ heute die Ausstattung einer Wohnung wie in den 1920er-Jahren zu sehen ist – unter anderem mit Originalmöbeln aus dem Haesler-Nachlass.

Auch das nicht allzu weit davon entfernt liegende Direktorenhaus des Gymnasiums zählt heute zu den international renommiertesten Bauwerken aus der Zeit. Von der Preußischen Bauverwaltung hatte Haesler den Auftrag für die Projektierung und Bauleitung nahe dem Französischen Garten bekommen. Das Gebäude sollte seines Erachtens dabei nicht schwerfällig, sondern möglichst leicht als „interessante Gebäudegruppe in die reizvolle Staffage dieser Parkanlage hinein modelliert werden“. In den Jahren 1930 und 1931 schuf er eine zweigeschossige 450 Quadratmeter große, L-förmige Villa in Stahlskelettbauweise, welche 2005 aufwändig saniert wurde. Es galt dabei, die Bausubstanz zu sichern, die alte Struktur und Farbigkeit wieder herzustellen und sozusagen zu retten, was zu retten war, denn dem Bau hatte kurz zuvor noch der Abriss gedroht. Mit Erfolg: Heute ist die Bauhaus-Villa ein kontrastreicher Blickfang am Rande der Innenstadt. Sie markiert den Höhepunkt von Ottos Haeslers Architekten-Karriere – und leider zugleich auch seinen Untergang. Aufgrund der veränderten politischen Lage nämlich blieben fortan die Aufträge aus. Die Nazis wetterten gegen seine Person wie gegen seine Bauweise und die solventen Auftraggeber, viele jüdischer Herkunft, verschwanden aus der Stadt.

Die Idee, Häuser aus dem Katalog zu verkaufen, brachte Haesler bald an die Grenze des Ruins. Der Direktor der Bauhausschule in Dessau, Walter Gropius, schließlich favorisierte den Celler Architekten als seinen Nachfolger, doch dieser lehnte ab. Es folgten Berufsverbot, Zahlungsunfähigkeit und 1934 die Auflösung des Büros. Otto Haesler verzog nach Eutin, wo er wieder ganz von vorn begann – mit Um- und Ausbauten von Geschäftshäusern. Als 1939 der Zweite Weltkrieg begann, war er 59 alt. Wegen seines bereits seit Kindertagen bestehenden Asthmas blieb ihm der neuerliche Einsatz als Soldat erspart. Dennoch war Haesler in den 1940er-

Jahren in besetzten Ostgebieten, in Lodz, Lemberg und auf der Krim als Architekt und stellvertretender Stadtbaurat tätig. 1945 übernahm er die Leitung des Wiederaufbaus der Stadt Rathenow in der sowjetischen Zone – und blieb, was ihm letztlich noch zu einer sehr späten Reputation verhalf. 1950, zu seinem 70. Geburtstag, fand an der Akademie für Bauwesen in Ostberlin eine Ausstellung ihm zu Ehren statt, bald erfolgte seine Ernennung zum Professor für sozialen Wohnungsbau durch die Deutsche Bauakademie.

Als er 1962, längst in zweiter Ehe mit seiner langjährigen Haushälterin verheiratet, für sich selbst nochmals tätig wurde und ein Wohnhaus erbauen ließ, fiel er während der Bauphase in eine Baugrube, wurde bettlägerig und bekam schließlich eine Lungenentzündung.

Der Architekt Otto Haesler, dessen Lebensmotto lautete, beginne die Lösung jeder Aufgabe mit dem Herzen, mit dem Verstand prüfe die Ergebnisse, verstarb am 2. April 1962. Zahlreiche Bauten, die im gesamten Stadt- und Landkreis zu entdecken sind, die Bauhaus-Schauhaus-Wohnung, die kleine Ausstellung im Café in der Innenstadt und ein sehenswertes Museum in einer der Siedlungen dokumentieren heute Ottos Haeslers konsequentes Bekenntnis zur sozial verträglichen Funktionalität. Der Schriftzug in der Schuhstraße indes erinnert an seine Anfänge in der Stadt, die ihn einst hierherlockte.

So geht's zur Inschrift:

Am Haus Schuhstraße 8, links oben unterhalb dem ersten langen Querbalkens, ist die Inschrift zu finden.

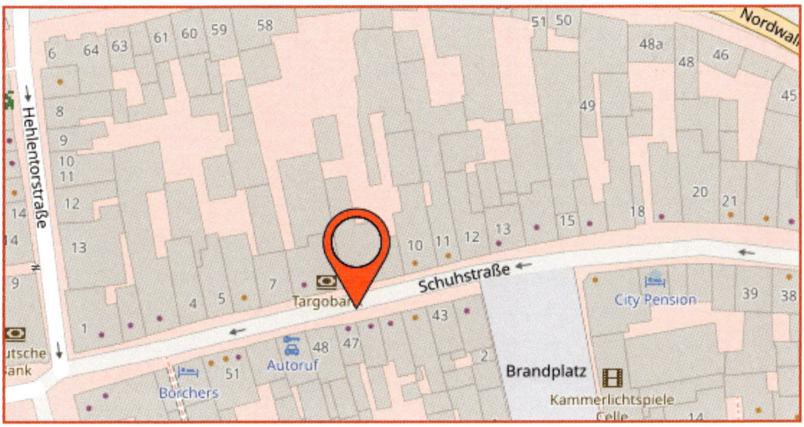

Gästeführerin Anke Maeker beim kurzweiligen Infotainment durch Celle.

25 Wappenschild

Von Herzen und Brüdern

Ein gelbes Wappenschild, ein blauer Löwe, rotbewehrt und von ebenfalls roten Herzen umgeben – mal sieben, mal neun, mal auch ganz ohne: Teile des Celle Wappens geben Rätsel auf. Warum ein blauer Löwe? Warum die Herzen? Die Sache mit dem blauen Löwen ist einfach. Dieser kam über die dänische Königstochter Helena von Dänemark, (um 1180-1230), einst die Gemahlin von Herzog Wilhelm von Lüneburg (1184-1213) in das Welfenwappen.

Die Sache mit den Herzen, die eigentlich stilisierte Lotusblüten darstellen sollen, stellt sich schon etwas komplexer dar. Zur Klärung ist ein Blick in die vielfältige Geschichte des Welfenhaus vonnöten.

Die Primogenitur, also eine Nachfolgeordnung, die besagt, dass der Erstgeborene das Erbe und damit die Rechtsnachfolge des Vaters antritt, wurde zwar bis dato bereits in königlichen und kaiserlichen Häusern praktiziert, bei den Regenten in den welfischen Landen war sie indes noch nicht eingeführt, als Herzog Wilhelm der Jüngere im Jahr 1592 mit 57 Jahren die Augen für immer schloss. Er hinterließ neben acht Töchtern auch sieben Söhne: Ernst, Christian, August, Friedrich, Magnus, Georg und Johann. Sehr ungewöhnlich für damalige Zeiten: Alle 15 Kinder erreichten das Erwachsenenalter.

Doch bereits mit Anfang 40 hatte sich bei Wilhelm eine ernsthafte psychische Erkrankung gezeigt, weswegen er sein Amt nicht mehr hatte ausüben können. Stattdessen wurde er im Celler Schloss unter Zimmerarrest gestellt. Da seine Söhne zunächst noch minderjährig waren, übernahmen Statthalter, Räte und seine Gemahlin Dorothea von Dänemark (1546-1617) kommissarisch die Verwaltung des Fürstentums.

„Als nach dem Ableben von Dorotheas Gatten Wilhelm dem Jüngeren (1535-1592) die Nachfolge neu geregelt werden musste, trafen die sieben Söhne des Paares eine ungewöhnliche Entscheidung“, klärt die Gästeführerin Anke Maecker dazu auf. „Sie beschlossen, keine weitere Erbteilung des sogenannten Neuen Hauses Lüneburg vorzunehmen und stattdessen dem jeweils Ältesten Besitztum und Regentschaft zu überlassen.“

Sie regierten also nacheinander und wurden, so heißt es, für ihre ungewöhnliche Eintracht dafür in halb Europa bewundert. Selbst der Zar in Russland soll seinerzeit für das Modell der Welfenbrüder nur lobende Worte gefunden haben. „Und der Volksmund sagt,“ so die versierte Kennerin der Celler Geschichte, „die Herzen verwiesen sinnbildlich auf die besagten sieben innovativen Söhne.“

Diese schrieben jedoch nicht nur ob ihres Umgangs mit dem väterlichen Erbe Geschichte, denn Besitztum und Regierung innehaben hieß in ihrem Falle mitnichten auch die Linie fortführen zu dürfen. Noch unorthodoxer war daher die von ihnen entschiedene Reglung, welche die legitime Nachkommenschaft anbetraf – die dynastische Fortsetzung der Linie wurde per Los festgelegt. Sechs schwarze und eine goldene Kugel sollen dafür in ein Kästchen gelegt worden sein. Derjenige Bruder, der die goldene Kugel zog, sollte dafür sorgen, dass das Haus fortbestehen konnte, er sollte also standesgemäß heiraten und möglichst viele Kinder zeu-

Insignien des Stadtwappens: der blaue Löwe.

gen. Das Los fiel auf Georg, den zweitjüngsten Sohn (1582-1641). Und so bekam Georg von Calenberg mit seiner Ehefrau Anna Eleonore von Hessen Darmstadt (1601-1659) acht Kinder, wovon die vier Söhne Christian Ludwig, Johann Friedrich, Georg Wilhelm und Ernst August sowie die Tochter Sophia Amalia auch das Erwachsenenalter erreichten. Das gesamte Konstrukt mit der Trennung von Regierungsauftrag und Besitz einerseits und der Aufgabe andererseits, für die dynastische Nachkommenschaft zu sorgen, war doch höchst ungewöhnlich.

„Georg Wilhelm und Ernst August wurden später wegen eines Brauttausches bekannt", berichtet dazu Anke Maecker. „Georg, der später Herzog in Celle war, sollte Sophie von Pfalz-Simmern, eine Stuart-Nachfahrin, heiraten. Dieser indes trat die hessische Braut an seinen jüngsten Bruder Ernst ab, den späteren Kurfürsten von Hannover, der Sophie bereitwillig zum Traualtar führte. Georg heiratete stattdessen nach langem Hin und Her seine hugenottisch-französische Herzensdame Éléonore d' Olbreuse."

Die gemeinsame Tochter Sophie Dorothea wurde später mit dem ältesten Sohn von Ernst und Sophie, Georg Ludwig, verheiratet. Bedingt durch die protestantische Thronfolge in England, die 1701 im Act of Settlement festgelegt wurde, trat dieser als Stuartnachfahre – und zugleich als hannover'scher Kurfürst – 1714 die Thronfolge in England an und begründete damit die Personalunion zwischen Hannover und England, die erst zur Auflösung kam, als über dem Kanal schließlich 123 Jahre später ihm seine Nichte als Königin Victoria von Großbritannien und Irland

(1840-1901) nachfolgte. In Hannover jedoch blieb ihr nach den Gesetzen des Hauses Hannover der Thron verwehrt. Ein weiterer Ernst August, sein Ururur-enkel gleichen Namens, wurde stattdessen zum König in Hannover ernannt – auf dem Wiener Kongress war das Fürstentum zum Königreich bestimmt worden.

Anke Maecker merkt dazu noch an: „Die Nachkommen der sieben Brüder, sowie wiederum deren Nachkommen und deren Nachkommen und so weiter, sind uns bis heute hinlänglich bekannt: Queen Elizabeth II. (1926-2022) und ihr Nachfolger King Charles III., Königin Margrethe II. von Dänemark, Ernst August Prinz von Hannover, Großbritannien und Irland und derzeitiges Oberhaupt des Welfenhauses oder auch Georg Friedrich Prinz von Preußen, Chef des Hauses Hohenzollern." Eine aufschlussreiche Ahnentafel der Celler Welfen und ihrer Nachfahren sind im Treppenhaus des Celler Schlosses zu entdecken.

So geht's zum Wappenschild:

Gebäude der Ritterschaft Schloßplatz 1, über dem Toreingang. Zudem ist es auch auf der Fassade in der Kanzleistraße über einem Eingang zu finden.

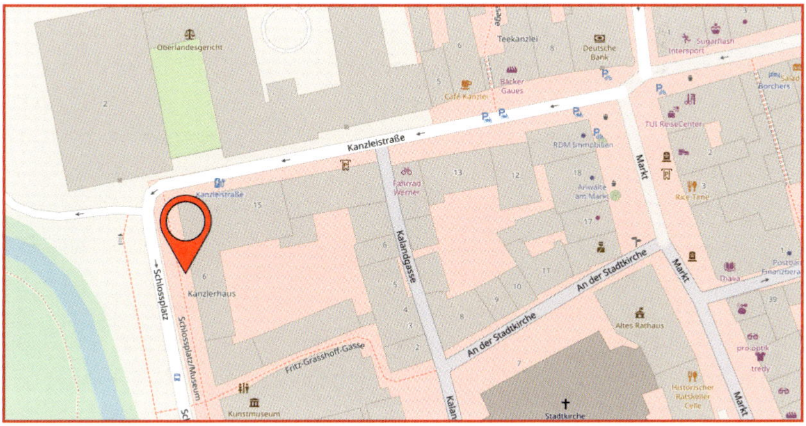

26

Meilenstein

Wichtiges Maß

Im letzten Zipfel von Celle und ganz nah an der nordöstlichen Stadtgrenze direkt an der B 191 gelegen, noch hinter dem winzigen Örtchen Hornshof und in Höhe des Breiten Moors, steht ein rechteckig aufragender alter Stein mit der im Lauf der Jahrhunderte verwitterten Aufschrift *1 Meile* – ein frühes Zeugnis des hiesigen Post- und Reisewesens, weiß Florian Friedrich.

„Die Meilensteine hatten im Postwesen eine wichtige Bedeutung und fanden vor allem im 18. und als Chausseen-Meilensteine dann im 19. Jahrhundert ab etwa 1814 große Verbreitung“, sagt der Kulturlandschaftsforscher aus Celle. „Sie dienten als Grundlage zur Berechnung von Porto. Ebenso wurden sie für die Aufstellung von Reisekosten genutzt.“

Bereits die Römer kannten steinerne Markierungen. Meist wurden sie, wie auch dieser, an Wegen aufgestellt und dienten spätestens ab der Frühen Neuzeit als sogenannte Postmeilensteine. Der Beginn des Postwesens in Deutschland wird auf das Jahr 1490 datiert, als Kaiser Maximilian I. (1459-1519) die italienischstämmige Familie Thurn und Taxis damit beauftragt hatte, einen regelmäßigen Kurierdienst in Form von Boten und Reiterstafetten einzurichten, um die kaiserlichen Nachrichten über teils sehr große Entfernungen an die jeweiligen Adressaten zu befördern. Seine Intention: schneller und vor allem regelmäßiger Austausch. Die Dokumente wurden in sogenannten Felleisen, abgeleitet vom französischen Wort „falise“ für Koffer, transportiert, ledernen Koffern. Bald darauf erhielt die Familie die Erlaubnis, auch die Privatpost der Bevölkerung zu transportieren. Interessant dabei ist, dass der Transport auch durch fremdes Terrain überwiegend problemlos möglich war.

„Auch im Fürstentum Braunschweig-Lüneburg bestand früh eine funktionierende Landespost und die Regenten hierzulande hatten dafür vielfach Hof- und Kanzleiboten eingesetzt“, berichtet Friedrich weiter, „diese waren als geschworene Fuß- und Reitboten unterwegs und erhielten zu ihrem Lohn in fürstlichen Diensten zusätzlich ein Zehrgeld. Sie unterstanden zudem einem Botenmeister, der für ihre Koor-

Ein wichtiges Längenmaß auf Celler Stadtgebiet.

dination zuständig war." Mit Einführung der ersten Postordnung wurde dem bereits als Postmeister in Hildesheim tätigen Rütger Hinüber (1600-1665) das Postlehen überstellt.

Der vereidigte Postmeister war den braunschweig-lüneburgischen Herzögen verpflichtet, musste Dienstkleidung tragen und an den jeweiligen Posthäusern das fürstliche Wappen anbringen. Die kaiserliche Reichspost wurde fortan in den Landen nur noch geduldet.

Die Landesherren ließen zahlreiche neue Postkurse (Routen) und -stationen errichten, unter anderem eines der wichtigsten Postzentren landesweit: Celle. Unter Hinübers Ägide entwickelte sich der Ort zum Hauptknotenpunkt im Postwesen. Noch heute erinnert das Gasthaus Postmeister von Hinüber in der Zöllnerstrasse 25 an eine Poststation, die sich hier von 1706 bis 1740 befand. Zu dieser Zeit war Christian Carl Hinüber (1694-1740) Postmeister zu Celle, ein Großneffe von Rütger Hinüber. Er unterstand dem Grafen Franz-Ernst von Platen (Lebensdaten), der 1682 die Nachfolge von Francesco Capellini, genannt Stechinelli (siehe Geheimnis Nummer 50) angetreten hatte. Der wiederum war nur wenige Jahre zuvor zum General-Erbpostmeister der drei welfischen Herzogtümer ernannt worden. Capellini hatte den Post- und Fernverkehr im großen Stil organisiert und diese parallel zur noch immer bestehenden Kaiserlichen Reichspost derer von Thurn und Taxis betrieben.

„Es ist nicht zu erkennen, wie alt dieser Stein ist und ob er noch zur Regierungszeit der Welfen oder erst nach der Annexion durch die Preußen aufgestellt wurde."

1738 wurde das Postwesen im Fürstentum Braunschweig-Lüneburg verstaatlicht. Es folgten damit wechselvolle Jahre für das Celler Postwesen: von 1807 bis 1813 stand es unter kaiserlich französischer und westfälischer Hoheit, dann unter königlich großbritannisch-Hannoverscher und königlicher Hannoverscher Hoheit, ab 1866 unter preußischer Regierung, danach wurde es dem Norddeutschen Bund zugewiesen. 1872 schloss man Celle der Deutschen Reichspost an.

Auch die Entfernungen wechselten. Eine Landmeile oder auch geografische Meile, wie in Deutschland bezeichnet, entsprach bis 1836 etwa 9323 oder 9347 Metern (alte hannoversche Meile), die königlich hannoversche dann 7419 und schließlich die preußische Meile 7532 Metern. „Die Steine sind zudem in verschiedenen Formen zu finden, etwa als Obelisk, Rundsäule, Würfel, Platte oder, wie hier, als rechteckig aufragender Stein", klärt Friedrich hierzu auf.

Die Bundesstraße 191 wurde 1845 als Chaussee angelegt und führt heute durch Mecklenburg von Plau am See über Parchim bis zur Elbe hinter Dömitz, sodann auf niedersächsischem Gebiet weiter über Dannenberg und Uelzen bis Celle. Über die Residenzstadt gingen bereits früher mehrere Postrouten, etwa von Bremen nach Braunschweig oder von Hannover nach Hamburg. Die heutige „Lister Meile" in Hannover ist ein Teil der Alten Celler Poststraße, die ab 1775 die Verbindung von Hannover in die Herzogstadt Celle darstellte. Eine wichtige Straße, bereits im Mittelalter als Karrenweg genutzt – worauf noch eine Straße gleichen Namens im Celler Ortsteil Vorwerk, die parallel zur B 191 verläuft, Hinweise gibt – und schon 1641 als Postweg ausgewiesen, führte von Celle über Garßen und Rebberlah Richtung Lüneburg. Dabei ging es Meile für Meile auf sandigen Böden durch karge und einsame Landstriche und eintönige Landschaften. Kein Wunder, dass da ein Adolph Freiherr von Knigge über eine Fahrt durch die Heide von der langweiligsten Tour seines Lebens sprach und möglicherweise jeden Meilenstein zählte, um die Ödnis besser zu ertragen.

So geht's zum Meilenstein:

Er befindet sich sich direkt an der B 191 am Anfang des Breiten Moores auf der rechten Seite – etwa auf halber Höhe zwischen Garßen und Eschede.

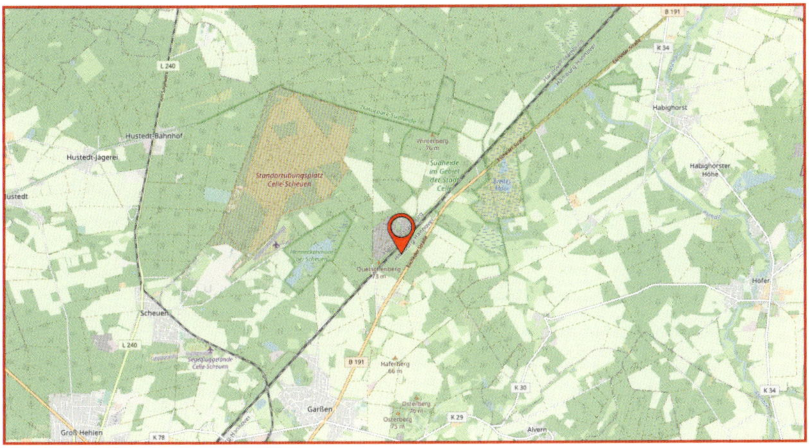

27

Tulpen

Die Wilde aus Celle

Im Frühjahr ist es in und um Celle herum gelb – ein Meer von Blüten übersät das Land und die wilde Tulpe, ihr lateinischer Name lautet Tulipa sylvestris, hat ihren alljährlichen großen Auftritt. Ein Naturschauspiel der besonderen Art, denn diese Sorte verbreitete sich von den fünf historischen Parkanlagen der Stadt ausgehend rund um den Ort. In Stadt und Land ist sie so oft zu entdecken wie sonst wohl nirgendwo.

„Laut einem städtischen Gutachten sollen es über acht Millionen Pflanzen sein", erzählt Gästeführerin und Landschaftsplanerin Kerrit Riesbeck. „Das ist mit Abstand das größte Vorkommen in Niedersachsen, wenn nicht sogar in ganz Norddeutschland." Ursprünglich kommt diese Tulpenart aus dem Mittelmeerraum und liebt dementsprechend eher warme, sonnige Standorte sowie Überschwemmungsgebiete von Flüssen, „hier besonders die Auen von Aller, Lachte und Fuhse. Wissenschaftler vermuten, dass die Ausbreitung vor allem durch Hochwasser, das es hier häufiger gab, stattfand."

Doch wie kamen die Tulpen überhaupt hierher? Ihr Vorkommen geht bis ins 17. Jahrhundert zurück, als die ersten systematisch angelegten Landschaftsgärten entstanden. Es ist davon auszugehen, dass die Anpflanzungen damals erfolgten. So gab es schon in der Renaissancezeit eine etwa ein Quadratkilometer umfassende Gartenanlage. Darin wurden Blumen, Gemüse und Früchte gezüchtet. Der letzte Celler Herzog Georg Wilhelm (1624-1705) aber liebte Italien und kannte vielleicht die Tulpen von seinen Reisen in das Land. Seine Gemahlin Éléonore (1639-1722) jedenfalls ließ die alte Anlage 1670 in einen barocken Lust- und Nutzgarten nach französischem Vorbild umgestalten. Sie beauftragte damit zwei versierte Landsmänner, denen der Französische Garten seinen Namen verdankt.

Unter ihren Händen entstand eine Anlage à la mode in der höfischen Gartentradition, mit geometrisch angelegten Beeten, Wegen, Wasserläufen. Hier fanden sich wohl neben der Tulpe dann auch noch viele weitere Wildpflanzen zur floralen Ausschmückung der Beete. Ein Gutachter zählte bislang etwa 30 seltene Wildpflanzen, die sich im Laufe

Kerrit Riesbeck zeigt die wilde Tulpe von Celle.

der Jahrhunderte hier ausgebreitet haben, in allen Anlagen zusammen, so

auch im Schlosspark oder in den Triftanlagen, welche ebenfalls für die geplante Stadterweiterung im Westen unter Georg Wilhelm angelegt wurden. Die gleichnamige Straße Trift wurde als Magistrale in Ost-West-Richtung für den Norden und Süden der Stadt gebaut.

Doch das Alleinstellungsmerkmal gilt eindeutig den wilden gelben Tulpen. „Ihnen gebührt besondere Beachtung. In Celle stehen hunderte Exemplare davon auf nur einem einzigen Quadratmeter. Es bilden zwar nur etwa ein Prozent davon Kelche aus, aber bei der Menge kommt ja trotzdem ein prächtiges Blütenmeer zustande."

So geht's zu den Tulpen:

Standorte der Celler wilden Tulpe sind unter anderem im Französischen Garten, im Schlosspark und in den Triftanlagen.

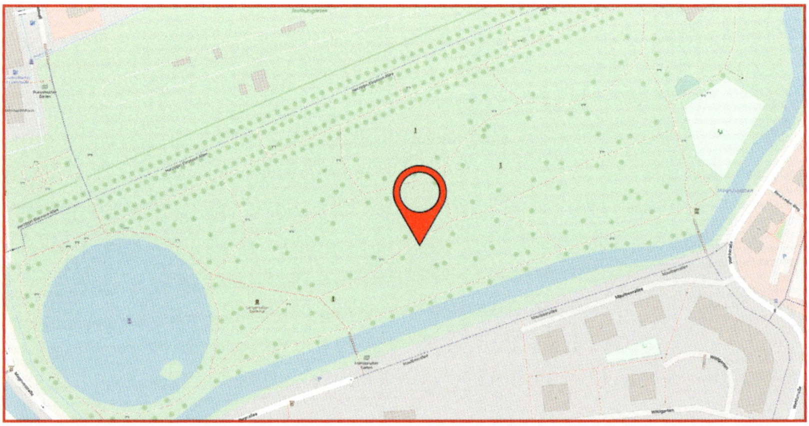

Klaus Waschkewitz deutet auf die auf Hauswand mit den Schutzzeichen.

28

Besen

Schutzzeichen gegen Blitze

Oftmals geht der Blick in der Altstadt vornehmlich in die Auslagen der Geschäfte. Doch manchmal lohnt es sich, auch ein wenig darüber zu schauen, zum Beispiel wenn im Mauerwerk eine Besonderheit wie etwa ein Donnerbesen zu entdecken ist. Auch mancherorts Feuer- oder Hexenbesen genannt, ist das Zeichen ein mittlerweile recht selten gewordenes und überwiegend in Norddeutschland verwendetes Schutzzeichen, das in die Fassadenwand eingefügt wurde, um Unheil wie Blitz und Donner abzuwenden. Eine häufige Art der Darstellung ist ein auf den Kopf gestellter Besen, dessen Borsten wie ein Halbkreisfächer nach oben zeigen.

„Diese Fachwerkverzierungen sind in die Backsteinausmauerungen eingearbeitet, entweder unterm Giebel oder an den traufständigen Seitenwänden“, so Gästeführer Klaus Waschkewitz, „besonders schön ist er an einem Haus erkennbar, das wohl Anfang des 17. Jahrhunderts erbaut wurde. Da sind an der langen Traufseite sogar gleich zwei davon zu entdecken und ein dritter ist tatsächlich auch an der rechten Giebelseite zu finden."

Die Ursprünge des Zeichens gehen möglicherweise auf den sogenannten Mai- oder Weihebusch zurück, der in manchen Gegenden ebenfalls als Schutz vor Donner und Blitz, meist über oder neben der Eingangstür angebracht, bis heute Verwendung findet. Möglicherweise war es auch schon in der germanischen Kultur verankert. Gesichert sind diese volkskundlichen Deutungen bislang nicht. Aber eine in Stein gemauerte Abwehr an Hausfassaden und damit eine dauerhafte Darstellung des Zeichens als früher Wunsch nach Schutz vor dem Bösem ist durchaus denkbar.

„Jedenfalls dürfte es kein Berufs- oder gar Hexenzeichen sein, letztere Bezeichnung scheint falsch, Feuerbesen passt besser", kann Klaus Waschkewitz weiter dazu ausführen, „ich denke, dahinter stehen am ehesten christlich-religiös motivierte Ursprünge. Der Besen gibt in seiner stilistischen Darstellung möglicherweise einen Hinweis zum gesegneten Weihebusch, der das Haus vor Unglück schützen soll."

Früher und auch noch heute werden dafür am Palmsonntag, dem Sonntag vor Ostern, Zweige etwa von Birke oder Buchsbaum in den Kirchen geweiht und anschließend zuhause über Türen und Kreuzen angebracht, unter das Dach gelegt oder in streng gläubigen Familien sogar an den Stallungen befestigt, um Arges auch vom Vieh fernzuhalten. Denkbar ist aber auch, dass das Zeichen von einem Wappen übernommen wurde. Es ist als heraldisches Zeichen, hierbei teils als Feuerwedel benannt, aus manchen Ortswappen in einigen niedersächsischen Gegenden sowie aus Wappen von in der Gegend einst ansässigen Adelsfamilien bekannt.

So geht's zum Besen:

Donnerbesen sind in Celle an den Häusern Poststraße 10 und Brauhausstraße 4 (nur sehr schwach zu sehen, da mit Farbe übertüncht) zu finden.

Erzählte Geschichte am Französischen Garten.

Stele 29

Der Till in Celle

Viele Länder dieser Erde haben ihren eigenen Narr. In Norddeutschland ist Till Eulenspiegel beheimatet, der Legende nach ein herumwandernder Schalk, der heute oftmals mit einer Kappe, gern in Form von Eselsohren und mit Schellen verziert, verbunden wird. Doch eigentlich soll er viel mehr gewesen sein als nur eine Witzfigur.

Erstmals erschien der Name Till Eulenspiegel in einem Volksbuch um 1510, worin dessen Leben nachgezeichnet ist. Das Buch wurde von Beginn an zum Bestseller, der Verfasser indes ist bis heute unbekannt. Darin werden Herkunft und Kindheit des Protagonisten ebenso beschrieben wie dessen Wanderungen, Reisen und auch sein Sterben. Dabei wird Eulenspiegel als geistreicher, kluger und humorvoller Mensch dargestellt, der im 14. Jahrhundert bei seinem vielfältigen Tun zu allerlei Streichen aufgelegt war und dazu vor allem Redewendungen recht wörtlich nahm – seine Art, auf Missstände, Fehlverhalten und Unzulänglichkeiten seiner Mitmenschen hinzuweisen. Auch eine gewisse Form von listiger Boshaftigkeit wird ihm nachgesagt, die heute jedoch als offene Rebellion oder starke Unangepasstheit gedeutet wird. Nachzulesen sind die Geschichten bis heute.

Eine Stele aus Holz erinnert nahe dem Französischen Garten an den berühmten Mann, gefertigt von dem Künstler Herbert Blasek (1912-2006). Denn der Sage nach hat Till Eulenspiegel auch in Celle sein Unwesen getrieben. Der zufolge wurde er vom Celler Herzog beauftragt, für eine Wand im Schloss ein schönes Gemälde anzufertigen. Leider gehörte das Malen wohl nicht zu Tills großen Talenten. Er sagte trotzdem zu und forderte neben der Bezahlung obendrein noch genügend zu essen und zu trinken. Der Herzog willigte ein. Eulenspiegel schloss sich für einen Monat in den Raum ein, in dem er tätig werden sollte, und wurde dabei ordentlich mit dem Gewünschten versorgt. Doch als die Zeit um war und der Herzog sein Werk begutachten wollte, sah dieser – nichts. Die Erklärung lieferte der vermeintliche Künstler gleich dazu, indem er meinte, das Bild könne nur sehen, wer noch niemals in seinen Leben gelogen habe – also niemand. Der Hofstaat war begeistert. Doch ein kleines Mädchen enttarnte seine Aussage als Lüge – wie genau, ist allerdings nicht überliefert. Till Eulenspiegel floh jedenfalls erst mal aus der Stadt. Eine andere Geschichte berichtet dann von seinem angeblichen Job bei einem Celler Kaufmann. Dort sollte er Zimmer aufräumen und statt genau das zu tun, schlief er erst einmal gründlich aus. Als der Kaufmann ihn erwischte und Till daraufhin anwies, das Haus umgehend zu räumen, setzte dieser die Anweisung sogleich wortwörtlich um und ließ die Möbel auf die Gasse tragen.

Der Herzog verbot ihm fortan das Betreten seiner Lande und wenn er darin gefunden würde, sollte er gefangen genommen und gehängt werden. Doch Till Eulenspiegel, der die Residenzstadt Celle angeblich gern mochte, ließ sich nicht so schnell vertreiben. Als er wieder einmal hier vorbeischauen wollte, lieh er sich dafür einen Karren. Den ließ er mit Erde befüllen, die er einem Bauern abkaufte, der diese wiederum geerbt hatte. Sie gehörte somit nicht dem Herzog. Auf der Brücke vor dem Schloss schüttete Till die Ladung auf den Weg und stellte sich obendrauf. Dem herbeigeeilten Herzog, erklärte er, dass er ja keineswegs

„Auf der Brücke vor dem Schloss schüttete Till die Ladung auf den Weg und stellte sich obendrauf."

gegen die verhängte Strafe verstieße, denn er stehe ja auf seinem eigenen Erdhaufen. Tills Frechheit schien den Herzog sehr zu belustigen. Jedenfalls ließ er den Mann ziehen und hob das Verbot gegen ihn auf.

Tja, war der Schelm nun tatsächlich eine reale Person oder nur der lustige und teils boshafte Protagonist eines erfolgreichen Volksbuches? Der Legende nach soll er, möglicherweise als Spross einer verarmten Adelsfamilie, um cirka 1300 in dem kleinen Ort Kneitlingen am Elm (Landkreis Wolfenbüttel) geboren und in einem Nachbardorf in der Schlosskapelle getauft worden sein. Laut einer Inschrift auf einem Gedenkstein aus dem 16. Jahrhundert verstarb Eulenspiegel im Jahr 1350 in Mölln (Kreis Herzogtum Lauenburg, Schleswig-Holstein).

„Tills Frechheit schien den Herzog sehr zu belustigen.“

Immer wieder werden Belege für die Existenz des Mannes gesucht – und vielleicht auch irgendwann gefunden. Denn das Geheimnis um Till Eulenspiegel ist noch immer nicht gelüftet. Doch mancherorts – wie auch in Celle – ist man fest davon überzeugt, dass er einst wirklich lebte und die Menschen nur allzu gern neckte und auf die Schippe nahm.

So geht's zur Stele:

Die hölzerne Figur findet sich am Südwall 33.

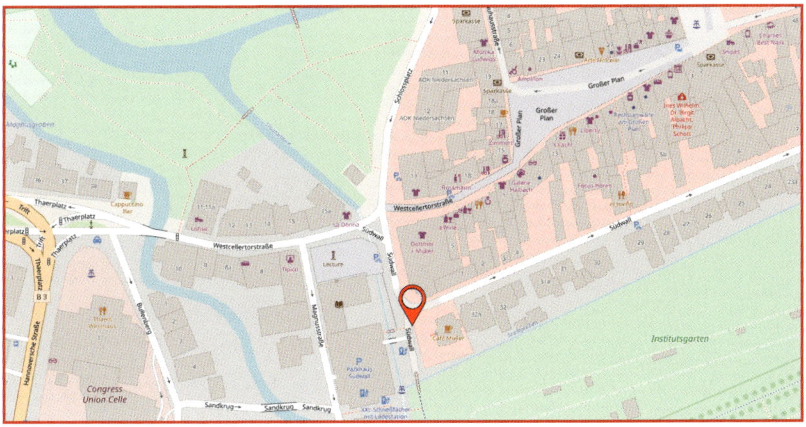

30

Pflastersteine

Wasser und Kunst

Als der Platz vor der Celler Stadtbibliothek im Oktober 2020 eine neue Ausgestaltung bekommen hat, wunderten sich nicht wenige Einwohner über den Einlass einiger blauer Steine ins Pflaster, die teils sogar beleuchtet sind. Was hat das zu bedeuten?

„Einst war Celle eine befestigte Stadt mit Verteidigungsanlagen, die Häuser und Bewohnerschaft gleichermaßen vor Angriffen schützen sollten", weiß Jochen Barth zu berichten, der sich intensiv mit der Celler Stadtgeschichte befasst. „Dazu gehörten auch eine Stadtmauer, mehrere Wälle und breite Wassergräben. Auch das an die Stadt angrenzende Schloss, etwas höher gelegen auf einer Talsohle, war von hohen Mauern und Wasser umgeben."

Die Stadtbefestigung erhielt zu Beginn des 16. Jahrhunderts auf herzoglichen Erlass hin eine umfassende Verstärkung. Unter anderem wurde der die Stadt umlaufende Wassergraben auf 50 Meter verbreitert, der Wall erhöht und die Befestigungen stark ausgebaut. Anfang des 17. Jahrhunderts wurden noch zusätzliche Schanzen geschaffen.

Zeigen Celler Stadtgeschichte: die blauen Steine.

Als der letzte Celler Herzog 1705 das Zeitliche segnete, verlor die Stadt quasi über Nacht ihren Status als Residenzstadt. Nach und nach wurden nun Wälle und Verteidigungswerke abgetragen, Gelände eingeebnet und der breite Stadtgraben verfüllt. Sichtbare Reste der Befestigungsanlagen sind heute jedoch noch immer erkennbar, unter anderem Rondellteile, Mauerreste oder auch einige Wasserläufe. Und genau darauf weisen die blauen Pflastersteine hin – sie symbolisieren den Verlauf des sogenannten Stadtgrabens, der hier ein Stück unterirdisch in einer Röhre verläuft und vom Schlossgraben ausgehend zwischen Südwall und Französischem Garten entlangführt, die Altstadt ringförmig umrundet, auf der anderen Schlossseite wieder in den Schlosspark eintritt und dort in den Graben zurückfließt.

Nur ein kleiner Abzweig mündet in den sogenannten Magnusgraben, der unter der Herrschaft von Magnus II. Torquatus Fürst von Lüneburg und Fürst von Braunschweig-Wolfenbüttel (1328-1373) angelegt wurde und in seinem Verlauf heute von der Aller abzweigend im Halbkreis etwas weiter südwärts gelegen von West nach Ost um die Stadt herumführt und dann wieder in den Fluss eintritt. Der Celler Stadtgraben, in weiten Teilen ebenso deutlich im Stadtbild zu sehen wie der Magnusgraben, ist wohl etwas jünger und fand schon Mitte des 15. Jahrhunderts erstmals Erwähnung. Somit war Celle mehrfach durch Wasserläufe geschützt.

Der Stadtgraben wurde im Laufe der Jahrhunderte mal verbreitert, dann wieder verschmälert. Heute misst er zwischen einem und vier Meter Breite.

„Celle ist eine Stadt des Wassers und kann mit beinahe 150 Brücken aufwarten. Nicht alle führen über Wasser, aber sehr viele davon", so Jochen Barth, der sie allesamt fotografiert und auf seiner Homepage dokumentiert hat. „Und der Platz hier mit dem Pflaster und den darin eingelassenen blauen Steinen liegt an der Brücke, die den Ausgang des Stadtgrabens aus dem unterirdischen Lauf markiert, wo er streckenweise in Röhren verläuft. Die Steine an dieser Stelle symbolisieren somit eine historische Besonderheit, sind zugleich aber auch eine akzentreiche moderne Kunstinstallation im öffentlichen Raum. Eine gelungene Sache, finde ich."

So geht's zu den Pflastersteinen:

Sie sind auf dem Arno-Schmidt-Platz, vor der Stadtbibliothek, in den Boden eingelassen.

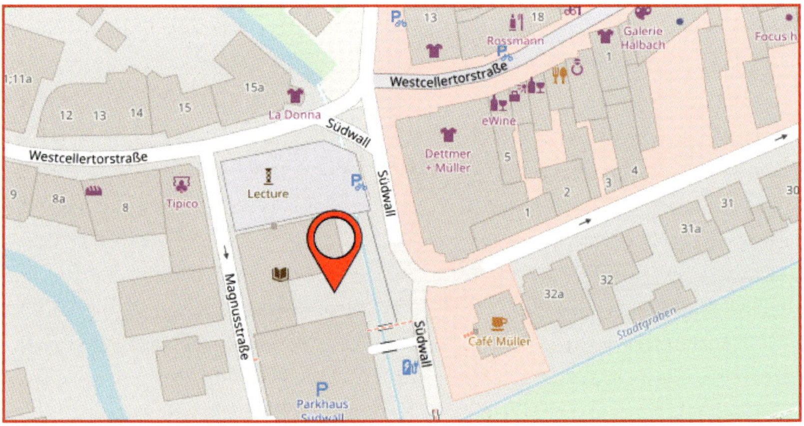

Schön, so weit das Auge reicht, Hans-Friederich Nölke im Moor.

Moor

31

Natur ganz verborgen

Wunderschön zu allen Jahreszeiten, manchmal ein wenig mystisch, irgendwie ein bisschen geheimnisvoll, gewiss nicht ganz ungefährlich – und vor allem sehr gut versteckt: So in etwa lässt sich das sogenannte Hennecken Moor in den Quellniederungen des Vorwerker Bachs beschreiben. In absoluter Abgeschiedenheit zwischen den Celler Ortsteilen Garßen und Scheuen gelegen, ist es kaum einer Seele hier bekannt. Tatsächlich muss man wissen, wo das Moor mit seiner einzigartigen Flora und Fauna zu finden ist.

„Der Vorwerker Bach wurde Anfang des 20. Jahrhunderts zur Anlage von Teichen aufgestaut, die unsere Familie bis 2013 betrieben hat“, erklärt dazu Hans-Friedrich Nölke, der letztverbliebene Fischer in Celle. „Doch sie sind heute insbesondere im nordöstlichen Gebietsteil weitgehend verlandet.“

In der Talsenke, in der einst Karpfen, Schleien, Hechte, Moderlieschen,

Stille und viel Natur – verborgenes Naturschutzgebiet.

Rotaugen und weitere Weißfischarten gezüchtet wurden, sind sie heute als liegende Stillgewässer und großflächige Moore zu entdecken, umgeben von Waldflächen und durchzogen von Querdämmen. In einigen Bereichen gibt es auch feuchte Heiden. Allerorts sind am Wasser heute noch sogenannte Mönche zu finden, kleine hölzerne Anlagen, mit denen das Wasser aufgestaut oder abgelassen werden kann.

Heute dient das Celler Naturschutzgebiet vor allem als Lebensstätte für moor- und stillgewässertypische schutzbedürftige Tier- und Pflanzenarten. Deren Lebensgemeinschaft ist von ganz besonderer Eigenart und Vielfalt geprägt. Hier wachsen etwa Glockenheide und die selten gewordene Moorlilie ebenso wie der stark gefährdete Lungen-Enzian. Die Biotope mit den naturnahen Wasserflächen bieten zudem zahlreichen Lebewesen eine ideale Umgebung. Die Große Moosjungfer, eine streng geschützte Libellenart, hat hier eine sichere Heimat gefunden. Die Schlingnatter, auch Glattnatter genannt und eine der seltensten Schlangenarten, hat hier ihr Zuhause, ebenso Kreuzotter und Ringelnatter.

Ein weiterer besonderer Bewohner des Hennecken Moores ist der winzig kleine Moorfrosch. Er erreicht gerade mal eine Länge von sieben Zentimetern. Doch zur Laichzeit können sich die Männchen höchst wirkungsvoll in Szene setzen: Für einige wenige Tage im Jahr färben sie sich blau, was der örtlichen Frosch-Damenwelt wohl durchaus zusagen dürfte – die Population ist gut und vor allem auch hörbar. Ebenso sind hier Erdkröten und Kammmolche zu entdecken. Und natürlich darf auch der Fischotter nicht fehlen. Das Hennecken Moor – die Wasserfläche der Teiche früher betrug 15 Hektar – ist auch ein idealer Brutplatz und eine üppige Nahrungsquelle für Vögel gleichermaßen: Reiher tummeln sich hier ebenso wie Eisvögel und Schwäne, aber auch Fisch- und Seeadler wurden schon mal gesichtet.

„Ein Teichmanagement wie früher wäre hier gar nicht mehr so möglich“, erklärt dazu Hans-Friedrich Nölke, der das Moor im Auftrag der Stadtwerke Celle betreut. „Sie fallen zu schnell und zu oft trocken. Hier wird der Klimawandel – leider – besonders gut sichtbar.“

Das Moor spielt heute eine sehr wichtige Rolle in Sachen Klimaschutz. Moore bilden etwa drei Prozent der weltweiten Landfläche ab, aber sie speichern doppelt so viel Kohlenstoffdioxid wie alle Wälder der Erde zusammen. Die Wiedervernässung von Moorböden ist daher eine der kostengünstigsten Maßnahmen für die Einspeicherung von CO_2. Dafür mussten beispielsweise auch im Hennecken Moor Gräben geschaffen und Dämme verstärkt werden. Aber das war ein guter Grund dafür, die Entwicklung des Hennecken Moores voranzutreiben und diese auch finanziell zu tragen. Ein weiterer: Hier bilden Klimaschutz und Naturschutz eine wunderbare Allianz.

Die Stadtwerke Celle bieten auf Anfrage Führungen im Moor an. „Die Begehung des Hennecken Moores ist nur begrenzt möglich und auch nicht einfach“, erklärt Hans-Friedrich Nölke. „Zudem kann es schon mal passieren, dass man einem Wolf gegenübersteht oder Wildschweine zumindest in der Nähe sind. Da ist dann doch etwas Vorsicht geboten. Daher ist es besser, nicht auf eigene Initiative loszugehen. Und zu leicht zu finden ist es ja schon gar nicht.“

So geht's zum Moor:

Teichgebiet zwischen Celle-Scheuen-Arloh und Hornshof, nur zu Fuß oder mit dem Rad erreichbar.

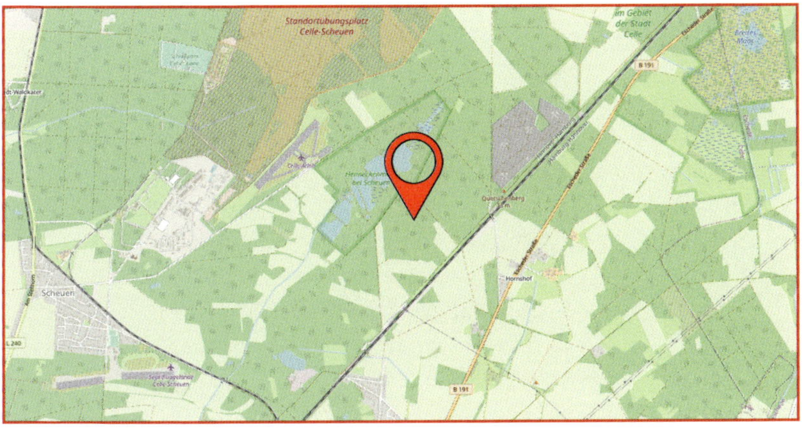

W

32

Eulen

Omen zur Geburt

Vom Schornstein des einstigen Entbindungshauses in der Altstadt von Celle, welches 1784 als solches in Betrieb genommen wurde, lugt ein gelbgolden glänzendes Eulenpaar über die alten Ziegel des Daches. Stehen die Bäume in vollem Laub, muss man schon genauer hinschauen, um sie zu entdecken. Doch was haben sie überhaupt da oben zu suchen?

Ihr Dasein ist einem früheren Hausbesitzer geschuldet, der die Figuren vor einigen Jahrzehnten erst anbringen ließ. Dieser war Mitglied bei Schlaraffia, einer Vereinigung zur Pflege von Freundschaft, Kunst und Humor, die im 19. Jahrhundert in Prag gegründet worden war. Die Mitglieder wählten den Uhu als ihr besonders Sinnbild: Eulen stehen für Weisheit und Wissenschaft. Doch ob der offensichtliche Eulenliebhaber auch wusste, dass in manchen Gegenden dem Tier eine weitere Bedeutung zukommt und diese zur Geschichte des Hauses einen interessanten Bezug hat? Im schweizerischen Bern zum Beispiel soll der Eulenruf die baldige Geburt eines Kindes ankündigen. Und in der Lausitz ist ihr „Schuhu" in der Nähe einer Schwangeren ein gutes Omen für eine glückliche Geburt.

Für diejenigen Frauen, die sich jahrhundertelang in Gebärhäusern zur Entbindung per fürstlichem oder königlichem Dekret einfinden mussten, also vor allem unehelich schwanger gewordene, einfache Frauen, mag das jedoch nicht immer zugetroffen haben. Die Geschichte der sogenannten Accouchir-Hospitäler (acchoucher = französisch, entbinden) ist ein recht zweischneidiges Kapitel in der Medizingeschichte. Einerseits ging damit großer medizinischer Fortschritt einher, andererseits brachten die obrigkeitsbefohlenen Geburten im Gebärhaus viel Leid über unzählige Frauen.

Bis ins 18. Jahrhundert hinein war die Geburtshilfe reine Frauensache. Wenn eine Entbindung anstand, halfen Mutter oder Tante, ebenso Freundinnen, Nachbarinnen oder Hausgehilfinnen, die meist selbst schon geboren hatten. Manchmal wurde auch eine Hebamme geholt. Die Ausübung der Geburtshilfe wurde tradiert – es gab regelrechte Hebammendynastien.

Die goldenen Eulen: symbolträchtige Figuren auf dem Schornstein.

Frauen, die das Handwerk erlernen wollten oder sollten, schauten einer erfahrenen Hebamme mehrere Jahre lang über die Schultern, bis sie dazu in der Lage waren, eigenständig tätig zu werden. Doch die Ausbildung war unreglementiert, was dem jungen Geist der neu aufkommenden Wissenschaften entgegenstand. Hebammen verfügten nach Meinung der zeitgenössischen studierten Männer über zu wenig Wissen und waren nach ihrem Dafürhalten für die vorherrschende große Säuglings- und Müttersterblichkeit verantwortlich. Tatsächlich wurden ihnen – wie allerdings auch den studierten Medici – immer wieder die Grenzen ihres Könnens vor Augen geführt, etwa eine falsche Kindslage, Geburtsstillstand, Beckenanomalien. Diese Grenzen zu sprengen, lag der Idee einer neuen Geburtshilfe zugrunde.

Eine Vorreiterrolle in Sachen Förderung und Akzeptanz männlicher Geburtshelfer gebührt dabei einigen Herrscherhäusern vor allem in England und Frankreich: Sie holten deren Hilfe in die adligen Geburtsstuben. Im Jahr 1784 wurde durch Dekret des hannoverschen Kurfürsten Georg Wilhelm Friedrich der zugleich als König Georg III. (1738-1820) England regierte, in Celle – wie mancherorts im Deutschland jener Zeit – ein Accouchirhaus gegründet, dem eine Hebammenschule angegliedert war. Der Regent beschloss damit „dafür Sorghe zu tragen, dass hinkünftig diensamere Mittel angewandt werden mögen, um jenen Endzweck zu erreichen ... mit wohl unterrichteten und geübten Hebammen für die Zukunft zu versehen, auch dadurch die Gefahr sowohl der gebährenden Mutter als auch der zur Welt kommenden Kinder möglichst zu vermindern".

Es wurde in einem 1586 erbauten Freihaus eingerichtet. Darin wirkte nach Eröffnung als leitender Direktor Johann Daniel Scheller (1758-1837), der das Haus bis zu seinem Tode führte. Bei Antritt war der Chirurg und Professor der Anatomie 26 Jahre alt und passte genau auf die Ausschreibung, in der nach „einem in der praktischen Geburtshilfe wohl erfahrenen Chirurgen" gesucht worden war. Zudem traute man ihm die Fähigkeit zur „Herablassung zu den oft schweren Begriffen der vom Lande zu erziehenden Hebammen" während des Unterrichts zu, jedenfalls eher als es von einem „geschickten Medico" zu erhoffen gewesen wäre.

Die Verbindung von Geburtshilfe und Chirurgie war seinerzeit gängige Praxis: Gynäkologische Operationen wurden von Chirurgen durchgeführt. 1786 erfolgte Schellers Ernennung zum Lehrprofessor. Er gründete zudem fast zeitgleich das „Königlich großbritannisch hannoversche Collegium anatomico chirurgicum", die sogenannte

Chirurgenschmiede, und siedelte diese unweit der Entbindungsanstalt an. Das Celler Ensemble glich somit beinah einer kleinen Universität, denn auch hier fasste die Verwissenschaftlichung und somit die Medikalisierung der Geburtshilfe Fuß und ging mit der Verlagerung der Geburt in die Operationssäle als Chirurgie des Unterleibes einher.

Mit der Gründung wurde die Wissensvermittlung für die geburtshilfliche Ausbildung auf eine ärztliche Einrichtung übertragen und in einen wissenschaftlichen Rahmen gestellt. Zugleich wurden Hebammen in ihrer Ausbildung und Tätigkeit eingeschränkt – und einer männlichen Obrigkeit unterstellt. Somit erlangten Mediziner den Zugang in eine bis dahin reine weibliche Domäne. Es erfolgte die Trennung von normalen und pathologischen Geburtsverläufen. Den Hebammen blieb die Leitung einer rein physiologischen Geburt, die sogenannte niedere Geburtshilfe – heute würde man Hilfe bei Spontangeburt dazu sagen. Und fortan galt: Hebammen entbanden, Mediziner accouchierten.

„Zugleich wurden Hebammen in ihrer Ausbildung und Tätigkeit eingeschränkt – und einer männlichen Obrigkeit unterstellt.“

Doch der Idee der Häuser lag noch ein anderer, sehr wichtiger Aspekt zu Grunde: Für die Lehre konnten mit einer erzwungenen Einweisung Modelle akquiriert werden, um den richtigen Umgang im Gebrauch von neu entwickelten geburtshilflichen Werkzeugen zu erlernen. Denn: Unehelich schwanger zu werden und die Schwangerschaft nicht zu melden war ein schweres Vergehen mit strafrechtlicher Verfolgung. Die Schwangeren hatten im Sinne der seinerzeit gültigen Gesetzgebung Unzucht betrieben. Diese Art der Sozialdisziplinierung war zugleich auch eine Präventionsmaßnahme zur Verhinderung von Kindestötungen direkt nach der Geburt. Und den meisten Frauen war somit dieser Weg vorgeschrieben: Gebärhaus inklusive Zurverfügungstellung des eigenen Körpers – als lebendes Objekt zu Übungszwecken. Damit wurden ihnen gleichwohl ein Teil ihrer „Schuld“ abgenommen und die Kirchenbuße erspart. Diese Frauen aber wurden im Dienst der Wissenschaft regelrecht missbraucht. Sie hatten sich teils über Monate den Untersuchungen der Studenten und Auszubildenden zu stellen. Mit ihnen generierten die Mediziner ihr Untersuchungsmaterial, mit dem eine umfassende Datenerhebung möglich wurde. Zugleich konnten freilich die praktischen Ausbildungseinheiten ausprobiert werden: Überall an den Häusern waren ja neben den Hebammen auch Studenten tätig, in Celle etwa wurden angehende Wundärzte und Barbiere ausgebildet. Die Schwangeren mussten sich hier zweimal wöchentlich für pränatale Untersuchungen mit und ohne Werkzeuge zur Verfügung stellen, morgens den Studenten, nachmittags den Hebammen. Auch die Geburten gehörten der Wissenschaft und nicht selten wurde dabei vor Ort gelehrt und etwa das Einführen der gerade neu entwickelten Geburtszange geübt. Verweigerten sich die Frauen diesen Untersuchungen, Übungen und Geburtspraktiken, meldeten sie zu spät das Einsetzen der Wehen oder entbanden sie heimlich auf dem Zimmer, drohten ihnen empfindliche Geldstrafen. Höhergestellte Damen konnten indes in Celle das „dispensibele Zimmer" für eine diskrete Entbindung nutzen und nahmen dafür teils weite Wege auf sich. Sie konnten gegen die entsprechende Bezahlung von Miete und Kost „in aller Stille und unbekannt" ihr Kind zur Welt bringen und sich damit der strafrechtlichen Verfolgung entziehen.

„Überall an den Häusern waren neben den Hebammen auch Studenten tätig, in Celle wurden angehende Wundärzte und Barbiere ausgebildet."

Die Mütter- wie Kindersterblichkeit in den Häusern lag jedoch mangels Hygiene durchweg höher als bei den von Hebammen meist im häuslichen Umfeld geleiteten Geburten. Noch war die Lehre von Sepsis und Asepsis unbekannt, zudem barg der Einsatz von Instrumenten hohe Risiken. Kaum eine der Frauen aus einfachen und oftmals ärmsten Verhältnissen ging daher anfangs freiwillig oder gar gern ins Gebärhaus: Geburtshilfliche Instrumente retteten unumstritten vielfach Leben, doch fanden ebenso zahlreiche Frauen und Neugeborene dabei den Tod.

Die Verlegung der Geburt von der Wochenstube in den Operationssaal gilt bis heute als Meilenstein ärztlicher Wissenschaft. Denn damit hatte sich eine erste empirisch und handwerklich fundierte geburtsmedizinische Kompetenz entwickelt, aus der wichtige Erkenntnisse generiert werden konnten. Der erste Direktor des Hauses, Johann Daniel Scheller, schlug dabei einen etwas anderen Weg ein als viele Mediziner jener Zeit, die sich über ihre Tätigkeit vornehmlich zu profilieren versuchten. Die Gründe für Todesfälle unter seiner Leitung notierte er akribisch: Krampfanfälle, dem

Geburtsweg vorgelagerte Mutterkuchen, Hirnschlag, Gebärmutterriss und das Kindbettfieber. Im Vergleich zu anderen Häusern waren die Mortalitätsraten in seinem Haus insgesamt aber signifikant geringer als etwa im Göttinger Haus, das 1751 gegründet worden war. In Anbetracht der nahe gelegenen Chirurgenschmiede ist diese Erkenntnis eher verwunderlich, nahmen doch oftmals gerade unerwünschte Keime aus den Sektions- und OP-Sälen ihren Kurs auf frisch entbundene Frauen, welche dadurch vielfach das gefürchtete Kindbettfieber bekamen. Schellers Notizen lassen auch den Schluss zu, dass er bei geburtsmedizinischen Eingriffen große Zurückhaltung übte und die Zange nur in Notfällen zum Einsatz kam. Johann Daniel Scheller bekundete denn auch im vorletzten Amtsjahr in seinen *Annotationen zu den in dem Accouchir-Hospital zu Zelle vorgekommenen Geburten* seine 3832. Entbindung in dritter Frauengeneration durch seine Hand.

Die Eulen auf dem Dach heute mögen in diesem Kontext darauf verweisen, dass die Zustände im Celler Gebärhaus unter der Ägide des ersten Direktors möglicherweise etwas weniger misogyn waren als anderorts. Irgendwie ein schöner Gedanke.

So geht's zu den Eulen:

Heute ist darin das italienische Restaurant San Marino zu finden: Am Heiligen Kreuz 4.

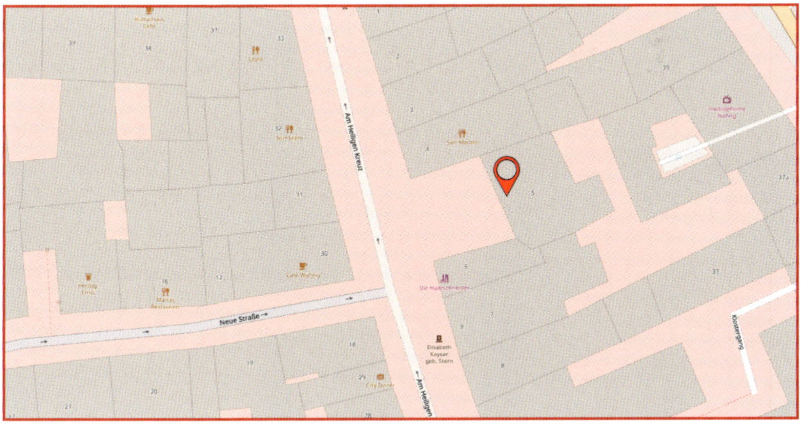

33

Bekennerstatue

Heiliges Kanonenrohr

Sie steht inmitten der Stadt. Doch was hat es eigentlich mit der hoch aufragenden Bronzestatue auf sich, die vor der Stadtkirche St. Marien, wo zweimal wöchentlich Markt abgehalten wird, zu finden ist? Wieso steht die da? Was will sie uns erzählen? Der bloße Anblick reicht nicht, um ihr Geheimnis zu entschlüsseln.

Der Pastor Dr. Volkmar Latossek aber weiß dazu die Antwort: „1527 war ein einschneidendes Jahr für Celle. In dem Jahr wurde die Stadt endgültig protestantisch. Die Skulptur zeigt quasi die Geschichte dazu."

Und die geht so: Seinerzeit regierte Ernst I. Bekenner (1497-1546) das Land, was ihm als zweitgeborenen Sohn zunächst nicht in die Wiege gelegt worden war. Nachdem aber sein Vater, Herzog Heinrich der Mittlere (1468-1532), bei der Kaiserwahl im Jahre 1519 seine Unterstützung statt dem neugewählten Habsburger Karl V. lieber dem französischen König Franz I. zusicherte, belegte der neue Machthaber aus Österreich ihn kurzerhand mit der Reichsacht. Heinrich der Mittlere flüchtete nach Frankreich. Und so kam es, dass Ernst und sein älterer Bruder Otto (1495-1549) im Jahr darauf in Celle die Regierung für das Fürstentum übernahmen. Otto wurde das alles rasch zu viel, zumal das Fürstentum hoch verschuldet war, so dass er zurücktrat und Ernst sich nun allein mit der Regierungsverpflichtung konfrontiert sah.

Als viertes Kind von Heinrich dem Mittleren, Herzog von Braunschweig und Lüneburg (1468-1532) und seiner Gemahlin Margarete von Sachsen (1469-1528) wurde Ernst für einige Studienjahre an die Universität Wittenberg geschickt. Dort wurde er auch mit Martin Luthers neuer Glaubenslehre vertraut. Bereits 1521 bekannte er sich zum Protestantismus, was seinem Vater im französischen Exil wohl nicht besonders behagte und dazu bewog, dem Sohn der Thron wieder streitig zu

„Dort wurde er auch mit Martin Luthers neuer Glaubenslehre vertraut."

Herzog Ernst der Bekenner führte die Reformation in Celle ein.

machen. Ohne Erfolg. Ernst hatte somit freie Bahn zur Verbreitung des neuen Glaubens in seinen Landen, was er auch mit aller Konsequenz betrieb und mit einem sogenannten Artikelbuch über die neue Kirchenlehre streng umsetzte. Er nahm dabei selbst in den verschiedenen kirchlichen Einrichtungen Visitationen vor.

Zudem mussten sämtliche Katholiken entweder konvertieren oder das Land verlassen – selbst seine eigene Schwester Apollonia, die als Nonne seit Jugendzeiten im nahegelegenen Kloster Wienhausen ein kontemplatives Leben führte. Sie verweigerte ihm die Konversion, woraufhin Ernst die Schwester unter dem Vorwand, sie sollte die Mutter auf eine Reise nach Meißen begleiten, ins Schloss bringen ließ. Die junge Nonne wurde dort ihres Habits beraubt und gemeinsam mit der Mutter zur sächsischen Verwandtschaft an den Hof von Johann dem Beständigen (1468-1532) geschickt, der die gleiche religiöse Richtung vertrat wie sein theologisch-innovativ denkender Neffe Ernst in Celle. Vier Jahre später erst durfte Apollonia an den Hof in Celle zurückkehren, nun als Erzieherin des herzöglichen Nachwuchses. Es war ihr indes nicht mehr gestattet, in ihr Kloster zu gehen, welches heute ein Damenstift ist.

„In dem Jahr wurde die Stadt endgültig protestantisch. Die Skulptur zeigt quasi die Geschichte dazu."

Als erste Stadt im Norden Deutschlands war Celle 1524 fest in lutherischer Hand. 1530, auf dem Reichstag in Augsburg, unterschrieb Ernst schließlich das Glaubensbekenntnis.

Pastor Latossek dazu: „Dieses Bekenntnis von Augsburg, die Confessio Augustana, gilt bis heute als Grundlage in allen lutherischen Kirchen. Damals war die Unterschrift von Ernst sehr gewagt. Hätte die gegnerische Seite gesiegt, wäre sie sein Untergang gewesen. Zurecht hat er den Beinamen ‚der Bekenner'."

Wegweisend war für ihn die Bekanntschaft mit dem vom Bodensee stammenden Prediger Urban Rieger gewesen, den er zum Generalsuperintendenten seines Landes ernannte und der später als Urbanus Rhegius die Reformation in Celle gestaltete.

Herzog Ernst, der eine große Stadterweiterung initiierte, die allerdings nur in Teilen umgesetzt werden konnte, hatte aus der Ehe mit Sophie von Mecklenburg-Schwerin (1508-1541) zehn Kinder. Er verstarb im Alter von 49 Jahren und fand seine letzte Ruhestätte in der Celler Stadtkirche. Ernst hinterließ trotz aller Bemühungen ein hoch verschuldetes Land. Er konnte zwar mit der Einziehung von Klosterbesitztümern die marode Landeskasse etwas aufbessern, die Beträge indes reichten nicht aus, als dass man bei seinem Ableben von einem soliden Erbe für seine Nachkommen – der jüngste Sohn Wilhelm der Jüngere (1535-1592) führte ab 1569 die Regierung in Celle fort – hätte sprechen können.

„Das Bronzedenkmal vor der Stadtkirche St. Marien erinnert an den mutigen Reformer der Stadt, der seinem Handeln den hehren Wahlspruch ‚anderen diene ich, mich selber verzehre ich' zugrunde legte", fasst Pastor Latossek hierzu zusammen. „Es wurde 1992 von dem Worpsweder Bildhauer Waldemar Otto geschaffen und zeigt das Haupt von Herzog Ernst auf einer Säule. Diese symbolisiert die Papierrolle des Augsburger Bekenntnisses und trägt die Inschrift ‚Das Wort sie sollen lassen stahn' aus Luthers Kirchenlied ‚Ein feste Burg ist unser Gott'."

Die Statue wird hier im Volksmund übrigens auch gerne mal als „heiliges Kanonenrohr" bezeichnet.

So geht's zur Bekennerstatue:

Die Skulptur befindet sich auf der Stechbahn, direkt vor der Kirche.

TES GNADEN
HERTZOG ZV
IG VND LVNEBVRG
COADIVTOR DES
EBVRG ERWOHL
ST DES ERTZ
IEN HATT DISE
VERFERTIGEN
O MDCXXXIX
ANNO 1668
IST DIESE GANTZE WASSERKUNST
SO WOL INNALS AUSERHALB WASSER
DAS BLOSE GEBEWDE AUSGENOM
MEN VON GRUND AUS NEU GEMACH

34

Steine

Fiskalische Wasserkunst

Nördlich der Altstadt liegt das alte Celler Wasserkraftwerk. Früher flossen hier die Stromschnellen der Aller, welche die Schifffahrt nach Braunschweig behinderten. Im Hafen musste sämtliche Fracht umgeladen werden. Schließlich staute man die Aller auf, weil der Handel mit Braunschweig keine bedeutsame Rolle mehr spielte. Es entstand die vom Staat verwaltete „fiskalische Wasserkunst“: ein System zur Förderung, Hebung und Führung von Wasser.

Bis zu Beginn des 16. Jahrhunderts wurde die Wasserversorgung der Celler Bevölkerung zunächst mit öffentlichen und privaten Grundwasserbrunnen sichergestellt. Sie wurden Zuckbrunnen genannt und dienten nicht nur zur Bereitstellung von trinkbarem Wasser, sondern auch zum Löschen von Bränden. Dennoch war ständig verfügbares, sauberes Wasser jahrhundertelang alles andere als selbstverständlich. Um 1530 erfolgten unter der Herrschaft von Herzog Ernst dem Bekenner (1497-1546) die Einrichtung einer Pumpanlage sowie eines Röhrensystems zur oberflächlichen Wasserversorgung aus der Aller, erbaut durch den Celler Brunnenmeister Benedictus de Münter. Die von ihm signierte Skizzenzeichnung mit handschriftlichen Erläuterungen und der schematischen Darstellung von 1696 ist heute im Celler Bomann-Museum zu sehen.

„Doch zwei an der in den Jahren von 1898 bis 1898 erbauten Ratsmühle eingemauerten Steine – ein dritter erklärt die historischen Zusammenhänge und ein vierter erinnert an einen Brand im Juni 1945 und an den Wiederaufbau 1948 des Gebäudes – verweisen auf die Anfänge und die damit verbundenen Mühlen“, erklärt dazu der Rohrnetzmeister Stefan Krauße, der bereits seit 1984 beruflich mit der Celler Wasserversorgung zu tun hat und unter anderem heute für die Netzplanung zuständig ist.

Die Wasserkunst, so heißt die Anlage, war ein ausgesprochen ausgeklügeltes System. Mithilfe von verschiedenen mechanischen Geräten und Hebewerkzeugen wie Pumpen, Schrauben, Schöpfgeräten und Wasserrädern wurde das Wasser aus der tiefer gelegenen Quelle, nämlich der Aller, zu den

Rohrnetzmeister Stefan Krauße zeigt die historischen Tafeln.

höher gelegenen Reservoirs transportiert. Damit wurde es in ein Röhrensystem geleitet und gelangte bis zu den städtischen Entnahmestellen.

In der Altstadt lagen drei Hauptröhren, sie gingen von der Ratsmühle zum Schloss, eine weitere über das sogenannte Hehlentor und den Markt zur Bergstraße, die dritte führte zur Kanzleistaße, die früher auch mal Ritterstraße hieß. Von diesen drei Hauptwegen, den *principall*, wurden Rinnen in Stockwerkshöhe über die Straßen zu den öffentlichen Brunnen, zu Notbrunnen und über 70 Privathäusern, vor allem Brauereibetrieben, verlegt. Cirka 90 Bürgerhäuser hatten zeitweise das Recht zum Bierbrauen und konnten sich damit den Gang zu den öffentlichen sogenannten Pipenposten ersparen. Sie erhielten direkte Zugänge mit einheitlichen Schiebern, die indes, so schrieben es die damaligen Stadtväter vor, ausschließlich unter der Aufsicht der Brunnenmeister Wasser entnehmen durften.

Die Rohrleitungen wurden zunächst aus Holz, meist aus ausgehöhlten Baumstämmen erbaut und hierzulande Holzpipen genannt. Daher stammt auch der Name der drei einstigen Celler Hauptbrunnen: Pipenposten. Sie waren sozusagen die Wasserzapfsäulen der damaligen Bevölkerung. Heute nur noch historisch wertvolle Stilelemente, gewährten sie einst die Versorgung mit fließendem Flusswasser, dienten als Viehtränke, zur Stadtreinigung und ebenfalls zur Feuerbekämpfung.

Unter Herzog Friedrich (1574-1648) kam es 1639 zur Erneuerung der Celler Wasserkunst. Er veranlasste den Bau eines quadratischen Wasserturms auf der Insel am sogenannten Allerwehr. Dabei wurde der Höhenunterschied zwischen Unter- und Oberaller genutzt und zugleich die höfische Versorgung in einer Extraleitung sichergestellt. Die Aufsicht oblag dem „Klickmüller", bald auch Kunstmeister genannt. Eine Inschrift auf einem der eingemauerten Steine an der Rückseite der Ratsmühle verweist auf den damals errichteten Bau: „*Von Gottes Gnaden Friederich, Herzog zu Braunschweig Lüneburg, postulirter Koadjutor des Stiffts Ratzeburg, erwohlter Domprobst des Ertzstiffts Bremen hatt dise Wasserkunst verfertigen lassen Anno MDCXXXIX*".

Ebenso erfolgte eine neuerliche Veränderung der Celler Wasserkunst unter dem letzten Herzog Georg Wilhelm (1624-1705), wie ein weiterer eingemauerter Stein eindrucksvoll zeigt: „*Anno 1668 ist diese ganze Wasserkunst sowol in als auserhalb Wassers, das blose Gebeude ausgenommen, von Grund aus neu gemachet worden.*"

In der ersten Hälfte des 19. Jahrhunderts wurden dann die Holzleitungen zunehmend durch Bronzerohre ersetzt. Ebenso kamen Kupfer- und Bleirohre, seltener auch Eisenrohre zum Einsatz. Doch warum bevorzugte man Flusswasser?

„Es ist im Gegensatz zu Grundwasser leichter verfügbar, kalk- und eisenärmer und daher geschmacklich oftmals besser – jedenfalls bis zum Ende des 19. Jahrhundert, als dann die Gewässer um den Ort herum stark verunreinigt wie verseucht waren", erklärt Stefan Kraußе dazu. „Man dachte also doch wieder über Grundwasser nach. Dem waren schwere Cholera- und Typhusepidemien in Norddeutschland vorausgegangen – der Grund für neue Überlegungen zur Wasserversorgung in Celle. Das Allerwasser musste dringend ersetzt werden, am besten gleich durch ein zentrales Grundwasserwerk. Nach Bohrungen wurde zwar gutes Wasser gefunden, jedoch leider nicht in ausreichenden Mengen", so Krauße. „Durch Zufall wurde dann ein großes Grundwasserreservoir in der Nähe des kleinen Dorfes Garßen entdeckt."

„Man dachte also doch wieder über Grundwasser nach. Dem waren schwere Cholera- und Typhusepidemien in Norddeutschland vorausgegangen – der Grund für neue Überlegungen zur Wasserversorung in Celle."

Der Magistrat veranlasste im Jahr 1900 den Bau eines neuen Wasserwerkes vor Ort und bereits im ersten Jahr wurden 10.000 Kubikmeter Grundwasser gefördert. Zehn Jahre später entstand eine neue Anlage, welche Stoffe wie Eisen, Mangan, Schwefelwasserstoff und Kohlensäure ausfiltern konnte. Mit der Umstellung auf die elektrische Wasserförderung wurden dann bald rund 500.000 Kubikmeter Wasser pro Jahr gewonnen. Zum Vergleich: Heute werden aus einer Tiefe bis zu 70 Meter zwischen 50 und 200 Kubikmeter Grundwasser pro Stunde aus jedem einzelnen der 16 Brunnen gefördert. In der Summe sind das bis zu 950.000. Auch der Bau des Wasserturms an Celles höchstem Punkt ist auf 1900 datiert. Er diente zur Wasserdruckregulierung.

Die de Müntersche Wasserkunst hatte als Anlage für die Wasserversorgung der Celler Bevölkerung nun ausgedient. Das alte Röhrensystem wurde bis 1945 noch als Brauchwasserleitung in das neue Gefüge integriert und versorgte eine Zeit lang weiter die Brunnen in der Altstadt, Feuerlöschnotpfosten und einige Privathäuser, ehe diese Ära endgültig zu Ende ging. Die alte Ratsmühle, deren Eigentümer heute die Stadtwerke Celle sind und in der bis 2010 noch für die bekannte Knäckebrot-Fabrik Wasa Getreide vermahlen wurde, dient mit ihren Wasserturbinen heute der Erzeugung von Strom. Die noch immer im Stadtbild sichtbaren Pipenposten, die allesamt der welfische Löwe ziert und die heute einen eigenen kleinen Wasserlauf haben – weswegen hier kein Trinkwasser fließt – erinnern noch an die alten Zeiten der Celler Wasserversorgung und gehören heute zu der Stadt wie das Fachwerk, das Schloss und die Stadtkirche. Die eingemauerten Steine an der Mühle indes verweisen noch auf etwas anderes: innovativ denkende Celler Herzöge, die Ingenieurskünste des frühen hiesigen Brunnenmeisters und die Notwendigkeit von reinem Wasser auch schon in früheren Zeiten.

Dazu der leidenschaftliche „Wasserkünstler“ Stefan Kraußе, der in der fachlichen Nachfolge der Persönlichkeiten steht, die sich hier einst darum gekümmert haben: „Ich zolle der damaligen Entwicklung höchsten Respekt. Und meine Tätigkeit am heutigen Rohrnetz erfüllt mich mit Stolz.“

So geht's zu den Steinen:

Das Relikt befindet sich in der Mühlenstraße 14, rechts ganz herumgehen, an der Rückseite.

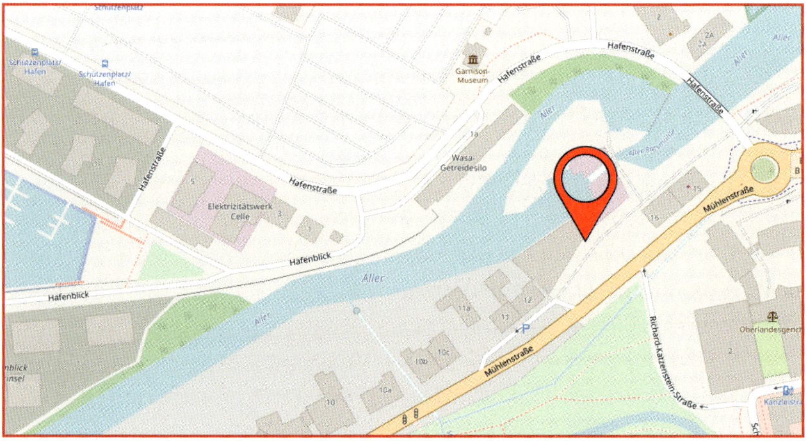

Laternen und Kunst – das geht gut zusammen.

35

Laternen

Unikate für den Schlosspark

Die Celler Bürgerschaft war im Frühsommer 2016 beunruhigt: Direkt über der Bushaltestelle am Schlossplatz ragte ein Laternenkopf über das Dach des Kunstmuseums. Es folgten besorgte Anrufe bei der Polizei. Schließlich musste der damalige Verwaltungsleiter der Celler Museen handeln und klärte die involvierten Beamten darüber auf, dass es sich bei der scheinbar umgefallenen Laterne um ein Kunstwerk handele, von dem keinerlei Gefahr ausgehe.

„Auf Facebook wurde das Mysterium der liegenden Laterne auf der Dachterrasse heiß diskutiert“, erzählt dazu Dr. Julia Otto, die das Projekt als Kuratorin initiiert undauch betreut hat. „Der über die Kante ragende Kopf der liegenden Laterne fiel den Passantenganz offensichtlich ins Auge. Erstaunlicherweise fragte aber niemand danach, seit wann und warum überhaupt auf dem Dach des Kunstmuseums eine Laterne stand.“

Was war passiert? Tatsächlich hatten die Künstlerbrüder Maik und Dirk Löbbert die „Hervorragende“, eine horizontal ausgerichtete Laternen-Skulptur, so auf dem Kunstmuseum installiert, dass der Kopf in leichter Schräglage weit über die Traufe des Gebäudes hinausragte. Sie war mit dem Dach fest verschraubt, durch Baugenehmigung und Statik geprüft und verblieb dort für ein halbes Jahr. Die Laterne spiegelte sich am Tag in der vorgeblendeten Glasfassade und erfüllte bei Nacht ihre Funktion als Gehweg-Beleuchtung – genau wie die baugleichen Laternen entlang der Straße vor dem Kunstmuseum und im Schlosspark, die den Löbberts für ihr Werk als Vorbild gedient hatten. Doch wie kamen die Brüder denn überhaupt dazu, ausgerechnet eine Celler Straßenlaterne zum Kunstwerk zu erheben?

„In Celle fielen ihnen sofort die Laternen vor dem Kunstmuseum ins Auge.“

„Der künstlerische Fokus von Maik und Dirk Löbbert ist darauf gerichtet, auf die Besonderheiten des scheinbar Selbstverständlichen, Uninteressanten oder Belanglosen aufmerksam zu machen. Durch kleine Verschiebungen und Eingriffe erzeugen sie neue Sichtweisen und Blickwinkel“, kann Dr. Otto die Sachlage aufklären. „In Celle fielen ihnen sofort die Laternen vor dem Kunstmuseum ins Auge.“ Und tatsächlich stellte sich heraus: Es sind ganz besondere, an keinem zweiten Ort der Welt zu sehen, sondern nur in Celle rund um das Schloss. „Es handelt sich dabei um Spezialanfertigungen, die in Anlehnung an die vier kleinen Laternen, welche die Brücke direkt vor dem Schloss an den vier Ecken flankieren, gebaut worden waren.“

Die Arbeiten wurden im Auftrag des damaligen Straßenbetriebsmeisters Giesemann vom Celler Kupferschmied Hartwig ausgeführt. Die Idee dazu war entstanden, nachdem in den 1950er-Jahren zunächst die berühmten Pilzkopflampen installiert worden waren, die sogenannten Mehlsäcke. Diese waren seinerzeit ein ultramodernes und massenproduziertes Designprodukt der Firma Hellux mit der Warenbezeichnung LMF 403 und Stilvorbild für die Umrüstung der städtischen Beleuchtung auf LED-Technik. Die „Mehlsäcke“ allerdings wollte in Celle damals niemand haben, es gab Protestreaktionen seitens des Stadtrates wie der Einwohnerschaft. Nur war Kreativität gefordert. Man entsann sich schließlich der seit langem bestehenden Lampen an der Schlossbrücke, fertigte Kopien an, die einen nach oben um ein Drittel erweiterten Glaskopf erhielten und sich somit leicht vergrößert mühelos in die geschichtsträchtige Umgebung einzufügen ließen.

Die Ordnung in Celle war wieder hergestellt. Bis heute beleuchten diese Laternen den Schlosspark und den Schlossplatz, an dem auch das Kunstmuseum zu finden ist, dessen in mehreren Farben leuchtender Foyer-Glaskubus in einem sehr spannungsvollen Kontrast zur historischen Architektur der Umgebung steht. Die Straßenlaternen erhellen den Bürgersteig und fallen sonst nicht weiter auf. Erst seit die Brüder Maik und Dirk Löbbert 2016 eine von ihnen in luftiger Höhe quergelegt hatten, fiel der Blick nach 70 Jahren erstmals auch wieder auf die anderen Laternen, die sich seitdem im Kontext von Historie und Moderne darstellen und selbst Künstlern Inspirationen bieten. Denn der Auftrag des Künstler-Duos an sich selbst lautete: eine vor Ort gefundene Leuchte erfahrbar machen.

„Mit dieser lokalspezifischen Intervention schärften Maik und Dirk Löbbert ganz klar die Wahrnehmung im Ort", erklärt Dr. Julia Otto die Wirkung. „Sie lenkten die Aufmerksamkeit auf im Alltag kaum wahrgenommene Objekte und ermöglichten damit einen unglaublichen Perspektivwechsel. In diesem besonderen Falle gaben sie obendrein den Anstoß zur Erforschung der Herkunft dieser einzigartigen Schlosslaternen, die es nur hier in Celle gibt – Unikate und Eigenbau der Stadt, bestehend aus dem Unterteil der LMF 403 und dem neu kreierten Oberteil."

So geht's zu den Laternen:

Die Leuchten stehen am Schlossplatz und im Schlosspark.

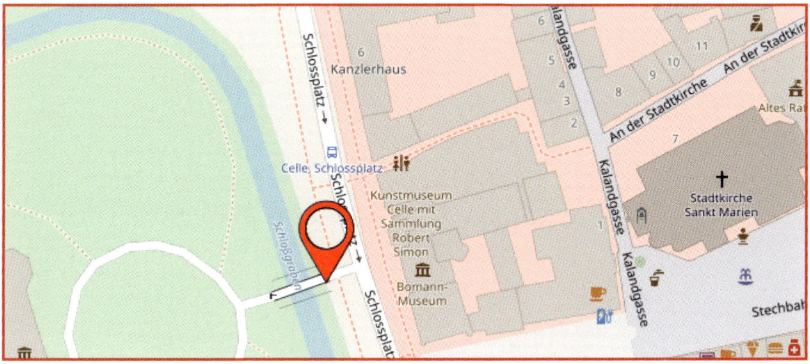

MEDIZINISCHE
HOCHSCHULE
HANNOVER
JULI 2015 - OKT.

MEDIZINISCHE
HOCHSCHULE
HANNOVER
OKT. 2004 - JUNI

36

Gedenkstein

Im Dienste der Wissenschaft

Unitas – Libertas – Caritas, so lautet die Inschrift auf einem sehr ungewöhnlichen Denkmal, das auf dem Celler Stadtfriedhof zu entdecken ist – schlicht, etwas abseits der großen, umgeben von mehreren Gräberfeldern, auf denen jeweils ein schlichter heller Stein liegt. Darum sind liebevoll Kerzen, Engel, Blumen und vieles anderes angeordnet: ein letzter Gruß der Angehörigen. Einheit – Freiheit – Nächstenliebe. Doch was hat es damit auf sich? Gästeführerin Ulrike Eggers kennt die Antwort: Dieser Ort ist Menschen gewidmet, die nach ihrem Ableben der Wissenschaft einen ganz besonderen Dienst erweisen.

„Der Stein markiert die letzte Ruhestätte für Menschen, die ihren Körper dem Institut für Funktionelle und Angewandte Anatomie der medizinischen Hochschule Hannover für die medizinische Lehre und Forschung zur Verfügung gestellt haben", so berichtet Ulrike Eggers und führt zu dem Gedenkstein, der auf dem anonymen Gräberfeld aufgestellt wurde. Die Inschrift wird ergänzt durch die Worte: „Die Körperspende ermöglicht es den Studenten im Rahmen des sogenannten Präparierkurses, ein einmaliges Verständnis vom Bau des menschlichen Körpers während ihres Medizinstudiums und den Ärzten das Einstudieren neuer Operationstechniken im Rahmen der Weiterbildung. Unser Dank gilt allen Körperspendern sowie ihren Angehörigen."

Anatomie ist die Lehre vom Bau des menschlichen – gesunden – Körpers. Die Lernenden studieren dabei die Toten, weswegen nachvollziehbar nicht alle Menschen als Körperspender in Frage kommen, doch die Institute sind auf die Spenden als Grundlage der anatomischen Ausbildung, der Weiterbildung und Forschung angewiesen.

Eine Körperspende ist keine einfache Entscheidung – vor allem für die Hinterbliebenen, denn es kann manchmal Jahre dauern, bis die Beisetzung erfolgen kann. Das heißt, dem Prozess der Trauer und des Abschließens ist für lange Zeit kein Ort, kein Grab zugeordnet. Das macht es ungleich schwerer loszulassen, den Verlust zu bewältigen und ins Leben zurückzufinden. Doch jedes Jahr nach Abschluss des studenti-

Ein ganz besondere Grabanlage: Ulrike Eggers liest die Inschriften.

schen Kurses findet eine Dank- und Gedenkstunde in der Kapelle der Hochschule statt, gestaltet von den Studenten und Pastoren. Dazu sind auch Angehörige eingeladen.

„Wer seinen Körper spenden möchte, muss zu Lebzeiten eine Vereinbarung mit einem Institut abschließen und möglichst seine Nächsten darüber informieren: Sie dürfen das Dokument nicht widerrufen, genau so wenig ist es ihnen erlaubt, Körper ohne vorherige Zustimmung der Betreffenden zu spenden", erklärt die Gästeführerin das Prozedere. „Die Körperspende ist zudem kostenpflichtig, um die Beiträge für die spätere Überführung, die gesetzlich vorgeschriebene Einäscherung sowie Friedhofsgebühren abzudecken. Doch es ist jederzeit den jeweiligen Menschen möglich, die Absprachen, ohne Angabe von Gründen, rückgängig zu machen."

„Wo ein Mensch sich selbst verschenkt". Ulrike Eggers zeigt auf den Stein. „Ein schlichter schöner Satz, finde ich, der für die mutigen Schritte mancher Menschen steht, die sich in den Dienst der medizinischen Wissenschaft stellen."

So geht's zum Gedenkstein:

Er befindet sich auf dem Stadtfriedhof Celle, Haupteingang Lüneburger Straße, 5. Gang links rein.

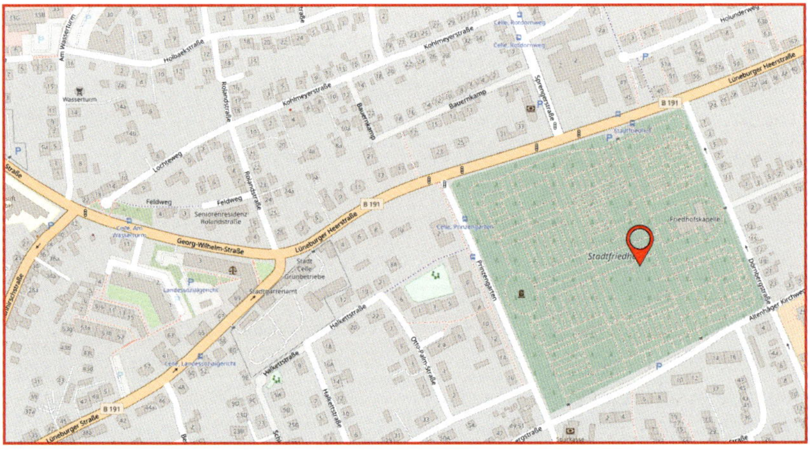

Kuratorin Hilke Langhammer zeigt auf einen Vermessungspunkt: der Dachreiter der Stadtkirche.

37

Granitstein

Vermessung des Reiches

Das Cellerland ist nicht gerade für Dreitausender bekannt, aber ein Blick auf die Landkarte zeigt dennoch unzählige Erhebungen von kleinen, kaum einigen Meter hohen Anhöhen bis zum Falkenberg. Dieser ist der höchste Punkt in der Südheide und liegt – leider – in militärischem Sperrgebiet. Die meisten Hügel allerdings überschreiten nur selten die Hundertmetermarke, doch einigen von ihnen kommt trotz aller Kleinheit eine besondere Bedeutung zu, denn im Jahr 1820 entschied der hannoversche König Georg IV. (1762-1830), der zugleich auch König von Großbritannien und Irland war, das Königreich Hannover vermessen zu lassen. Einige sogenannte Triangulationspunkte (TP) sind dazu hier noch zu finden.

Der Anstoß dafür kam aus Dänemark. Hier war man diesbezüglich bereits tätig worden – und zwar bis vor die Tore Hamburgs. Bei der Hansestadt sollte nun der Anschluss erfolgen. Der

König beauftragte dazu den Göttinger Professor Carl Friedrich Gauß (1777-1855), der die ausgesprochen schwierige Aufgabe in den darauffolgenden Jahren akribisch anging.

Die hannoversche Landvermessung erfolgte in zwei Etappen. In den Sommern der Jahre 1821 bis 1823 vermass Gauß zunächst das Königreich in Süd-Nord-Richtung, also von Göttingen nach Hamburg, dann ging er von Hamburg Richtung Westen bis Jever und zu den ostfriesischen Inseln. Tausende graue quadratische Granitsteine, sogenannte Bodenpunkte, ließ Gauß dazu verlegen, wovon einige auch hier noch mehr oder weniger sichtbar, bestimmt und etwa mit einem Meißelkreuz oder Bohrloch markiert sind. Aber man muss schon genau hinschauen, viele wurden im Laufe der Zeit überwuchert oder auch versetzt.

„Dafür teilte der Wissenschaftler die Flächen in Dreiecke auf und maß diese mithilfe eines von ihm selbst entwickelten Heliotrops", kann die Historikerin Hilke Langhammer, die im Celler Bomann-Museum arbeitet und 2022 eine Ausstellung zu Gauß kuratiert hat, dazu erklären, „das ist ein Spiegel, mit dem es möglich ist, einen von der Sonne kommenden Lichtstrahl mit einem größeren Spiegel zu einem Zielpunkt zu schicken, wo dieser dann sichtbar wird. Hier wird mittels eines Theodolits dann der Winkel gemessen."

Die dafür notwendigen Instrumente ließ Gauß unter anderem bei der Celler Firma Frerk & Sohn anfertigen, die in Celle am Kleinen Plan ansässig war und als Mechanisches Institut zur Anfertigung aller Arten mathematischer, physikalischer und feiner technischer Instrumente und Apparate firmierte. Die Vermessungen waren mühsam und oftmals nur schwer durchführbar. Zudem mussten einige wichtige Voraussetzungen erfüllt sein: strahlender Sonnenschein, das Erreichen der höheren Lagen, ein stabiler Untergrund – und vor allem freie Sicht. Manchmal mussten dafür gar Bäume gefällt und Schneisen geschlagen werden.

„Aber Gauß und seine Mitarbeiter, darunter sein ältester Sohn Joseph, standen während ihrer Tätigkeit stets in engem, postalischen Kontakt", ist von Hilke Langhammer dazu zu erfahren, „was sicherlich seinerzeit nicht einfach war – sie waren ja stets Kilometer weit voneinander entfernt und arbeiteten dabei auf markanten Punkten wie Bergkuppen, Mühlen, Dachreitern oder Kirchtürmen, die zu erklimmen sich oftmals als recht mühsam darstellte. Ständig ritten dafür Boten hin und her."

Hier nahmen die Helfer Maß. Gauß bestimmte dann die Größe der Dreiecke, die diese Punkte zueinander bildeten, und erhielt dadurch die relevanten Werte. Anhand der Winkelmessungen errechnete er dann die Entfernungen. In

Celle nahm er im Sommer 1822 Messungen vor, unter anderem auch an sogenannten Hochpunkten, hier dem Dachreiter der Stadtkirche, der seinerzeit noch weiter Richtung Haupteingang das Dach zierte, und dem Uhrturm auf dem Schlossdach. Als Hauptpunkt im Landkreis wurde unter anderem der Falkenberg ins Visier genommen. Von hier aus vermaß er etwa die Strecke zum 118 Meter hohen Haußelberg bei Müden/Örtze, wo ein Gedenkstein heute an die sogenannte Triangulation erinnert. Hier nahm Gauß auch Quartier. In einem Brief an einen Freund ließ er sich über das einfache Leben aus und schrieb, dass es an mancher Bequemlichkeit fehlte, etwa einem Spiegel oder Abort.

„In Celle indes logierte er im Hotel Sandkrug, heute ist darin die Kindertagesstätte St. Ludwig untergebracht", weiß die Historikerin zu erzählen, „dort war er wohl sehr zufrieden."

Vom Falkenberg aus wurden zahlreiche weitere Erhebungen ausgemacht, so ging es beispielsweise auch zum Breitehorn bei Unterlüß und dem Osterberg bei Garßen.

Der innovative Wissenschaftler Carl Friedrich Gauß stammte aus Braunschweig und wuchs dort in einfachen Verhältnissen auf. Bereits im Kindesalter zeigten sich seine erstaunlichen Fähigkeiten. So konnte er nach eigenen Worten schon rechnen, bevor er sprach. Auch in der Schule fiel er mit seiner besonderen mathematischen Begabung auf: Ein Lehrer soll eines Tages seinen Schülern die Aufgabe gestellt haben, alle Zahlen von 1 bis 100 aufzuaddieren. Einer der jüngsten Schüler, nämlich Gauß, fand schnell die Lösung – er hatte einfach nur die Zahlen zu 50 Paaren gruppiert, also 100+1, 99+2, 98+3, und so weiter und so fort, diese zusammengezählt und als Ergebnis die Summe 5050 präsentiert. Die Gaußsche Summenformel war geboren: $1+2+\cdots+n = n(n+1)$. Gauß wurde im Alter von 14 Jahren als Stipendiat dem Braunschweiger Herzog Karl Wilhelm Ferdinand (1735-1806) vorgestellt. Er wurde angenommen. Nun konnte er studieren, zunächst am Collegium Carolinum, dem Vorläufer der heutigen Technischen Universität in Braunschweig, ab 1795 in Göttingen. Hier belegte er Vorlesungen in Mathematik, Philologie, Physik und Astronomie. Vier Jahre später schloss er mit einer Promotion an der Universität Helmstedt ab. Danach lebte Gauß in Braunschweig, er bekam vom Herzog ein kleines Gehalt, mit dem dieser seine Arbeit, ein Lehrbuch zur Zahlentheorie, unterstützte. Der Mathematiker kam zu Weltruhm, als mithilfe seiner neuentwickelten Methode zur Bahnbestimmung von Planeten der Zwergplanet Ceres wieder aufgefunden wurde. Er wurde nach ihm benannt. Kurz darauf wurde Gauß in die Königliche Gesellschaft der Wissenschaften aufgenommen. Im Sommer 1807 folgt er dem Ruf seiner Alma Mater als Professor für Philosophie, zudem wurde er zum Direktor der Sternwarte in Göttingen ernannt.

Gauß war zweimal verheiratet, beide Ehefrauen verstarben früh, die eine nach der dritten Entbindung im Kindbett, die andere – sie war die beste Freundin seiner verstorbenen Frau – an Tuberkulose. Aus den Ehen gingen insgesamt sechs Kinder hervor, von den er zwei zu Grabe tragen musste.

Carl Friedrich Gauß und seine Mitarbeiter schufen mit den Vermessungen im Auftrag des hannoverschen Königs die Basis für eine umfassende Kartografie, welche die territorialen Abgrenzungen deutlich erkennen ließ, aber auch für die Planung künftiger Verkehrswege sehr bedeutsam wurde.

„2021 wurde deutschlandweit erneut das Land vermessen. Dazu wurden mit modernen Satellitennavigationssystemen ausgerüstete Vermessungstrupps der Länder und des Bundes losgeschickt. Die Instrumente und die Methoden mögen sich seit Gauß verändert haben“, so die Kuratorin der Gauß-Ausstellung Hilke Langhammer, „aber die Ergebnisse decken sich weitestgehend mit den Gaußschen Messungen. Es ist erstaunlich, wie präzise damals gearbeitet wurde. Er hat sich maximal um anderthalb Meter vermessen. Und das ganz ohne digitale Hilfsmittel.“

So geht's zum Granitstein:

Er ist im Ortsteil Hehlentor und zwar im Fasanenweg, vor dem Haus Nr. 50, Ackerseite.

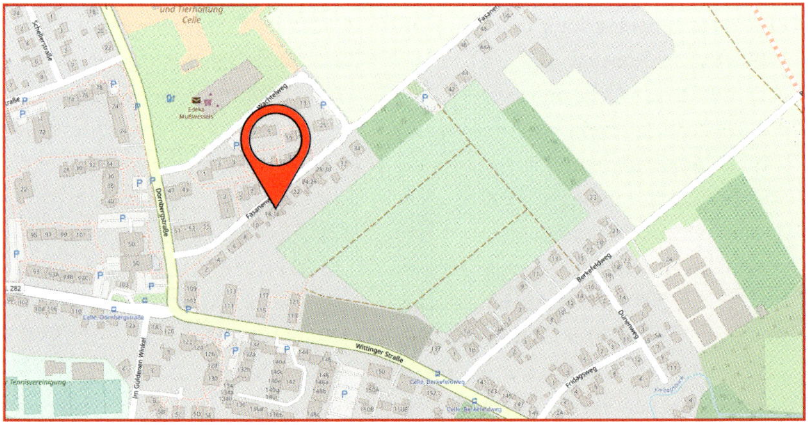

Gasthof mit ungewöhnlicher Zier.

38

Blauer Engel

Einstige Ausspannwirtschaften

Ein blauer Engel ist den meisten heute wohl am ehesten als Umweltzeichen geläufig. Hier in Celle indes schwebt seit den 1990er-Jahren ein solcher, versehen mit einem vergoldeten Horn, an einem Seil über dem einstigen Hoftor einer sogenannten Ausspannwirtschaft. In einer Zeit, als sich der Mensch noch mit Pferden fortbewegte, lagen in der Celler Innenstadt elf dieser Herbergen. Sie boten nicht nur Fuhrleuten wie den Holz- und Salzfahrern oder zahlreichen Reisenden gegen entsprechendes Salär Kost und Logis an, sondern auch den Pferden. Nur wenige werden noch heute als Gasthaus betrieben, unter anderem das jüngste der Häuser, gegründet 1872 in der Altstadt, der Gasthof zum Blauen Engel.

Der schwebende blaue Engel verweist auf den ungewöhnlichen Namen der Gaststätte wie auch auf die Geschichte des Hauses, die stellvertretend für alle diese Celler Häuser stehen kann und Einblicke in eine vergangene Welt vermittelt. Die Bedeutung der Ausspannwirtschaften war seit dem Mittelalter bis in der zweiten Hälfte des 19. Jahrhunderts sehr groß, schwand aber allmählich durch die Erfindung des Autos. Zudem verkehrte in Celle ab 1907 eine Straßenbahn, die mit elektrischer Oberleitung fuhr. Und schließlich gab es dann ja auch die Eisenbahn. Doch bis dahin waren die Ausspannwirtschaften unentbehrliche Stationen für Mensch und Tier, denn ein Reiter war eben zu Pferd unterwegs und eine Kutsche oder ein Fuhrwerk wurde ebenso von Pferden gezogen wie etwa auch Pferde-Omnibusse.

„Die Wirte der historischen Raststätten nannten sich Ausspannhalter. Bei ihnen trafen sich nicht nur diejenigen, die unterwegs waren, sondern es kamen auch Vereinsmitglieder oder Nachbarn zusammen“, kann der aktuelle Betreiber der Gaststätte, Wolfgang Bobek, dazu erzählen, der hier schon seit Jahrzehnten die Regie in der Küche führt. „Doch jede Wirtschaft hatte in der Regel ihren eigenen Einzugsbereich. Im Falle des Gasthofes zum Blauen Engel waren das die im Südosten gelegenen ländlichen Gebiete.“

„Die Wirte der historischen Raststätten nannten sich Ausspannhalter. Bei ihnen trafen sich nicht nur diejenigen, die unterwegs waren, sondern es kamen auch Vereinsmitglieder oder Nachbarn zusammen.“

Natürlich kamen von dort auch die umliegenden Bauernfamilien zum Einkaufen. Man fuhr mindestens zweimal im Jahr in die Stadt, meist nach der Ernte um Michaelis (29. September) und vor Weihnachten. Ebenso bekamen die Häuser viel Zulauf zu Zeiten der Märkte. Und auch wenn es dann mal enger wurde in den Gassen, galt in Celle wohl die Regel, dass nur so viele Wagen vor den Ausspannen stehen durften, wie Pferde in den Stallungen unterkamen. Der Adel wiederum blieb den Ausspannen fern – er gab sich im sogenannten Ritterschaftshaus nahe dem Schloss das Stelldichein.

„Für den Blauen Engel ist bereits 1776 ein Wirt nachgewiesen, doch das Ausspanngeschäft kam erst gut 100 Jahre später dazu, ebenso eine Haltestelle für den Pferde-Omnibus-Verkehr in Richtung Wienhausen und Langlingen“, kann Bobek zu seinem Gasthaus berichten. „Er hatte sechs Zimmer mit insgesamt 17 Betten, im Stall fanden 20 Pferde Platz. Für das Jahr 1899 sind 350 Übernachtungen verzeichnet.“ Bis zum

Zweiten Weltkrieg (1939-1945) nahm die Herberge auch Gesellen als Mieter auf, etwa Bäcker, Schmiede oder Tischler. „Die damalige Wirtsmutter musste für sie sorgen und morgens reichlich Brote schmieren und angeblich auch mit Schnaps versetzten Kaffee abfüllen."

Die Ära der Ausspannen war ab den 1950er-Jahren vorbei. Der große Pferdestall im „Engel" wurde 1953 zur einer Mietswaschküche umgestaltet, die Stallungen insgesamt 1972 abgerissen. Die Gaststube erfuhr 1954 allerdings eine Neugestaltung, die bis heute nahezu unverändert ist.

„Und dann war der schwebende Engel plötzlich weg. Im Juni 2013. Einfach so." Wolfgang Bobek kann es immer noch nicht so recht glauben. „Der hatte da etwa 20 Jahre gehangen. Er war nicht mal von großem Wert, nur aus Pappmaché." Der Wirt hat keine Ahnung, wohin er verschwand. „Aber weg ist weg. Ich habe dann aus Spaß zeitweise eine blaue Quietschente aufgehängt und mich dann bald auf die Suche nach einem Ersatzengel gemacht."

Das war gar nicht so einfach, doch in Bayern wurde der Gastronom schließlich fündig. Nur für eine Übergangszeit war der Gasthof zeitweise vom Blauen Engel nun sozusagen das Gasthaus Zur Blauen Ente geworden. Aber jetzt hängt dort wieder ein schöner Engel überm Hoftor.

So geht's zum blauen Engel:

Das Gasthaus mit dem blauen Engel befindet sich hier: Kleiner Plan 7.

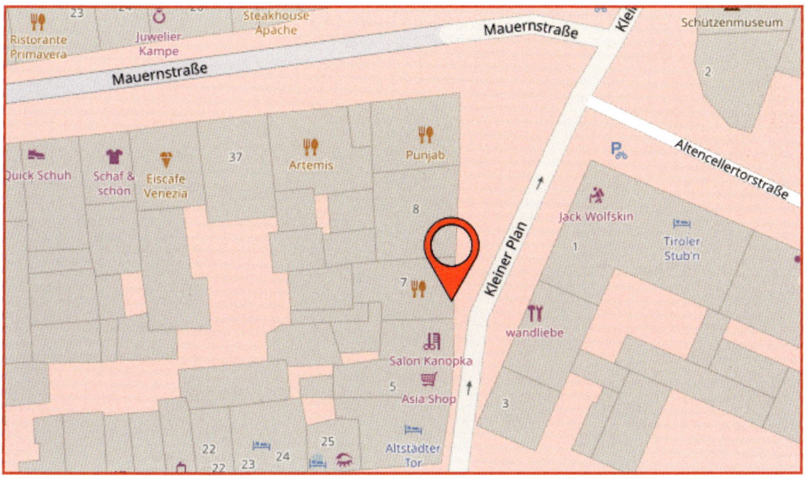

39

Salzfahrer

Weißes Gold in der Heide

Eine kleine Figur in der Celler Innenstadt an einem ehemaligen Lebensmittelladen in der Pilzergasse 11. Niemand weiß heute noch, wohin der abgebildete Kutscher mit seinem Gefährt wohl des Weges war, doch eines gilt als sicher: Seine geladene Fuhre war weiß – und der damalige Geschäftsinhaber hatte die Figur einst an seiner Hauswand angebracht. Und weiß war damals das Salz, welches ganz in der Nähe von Celle in einem Salzstock abgebaut wurde.

Salz war früher ein äußerst wichtiges und wertvolles Handelsgut. Es ging dabei allerdings weniger um seine Qualität als Würze, sondern vielmehr um die Bedeutung als Konservierungsmittel: Salz macht Lebensmittel wie Fleisch und Fisch lange haltbar.

So manche Ortsnamen wie Sülze oder Altensalzkoth verweisen noch heute auf das weiße Gold in der Südheide, Siedlungen mit der Endung -moor wie Salinenmoor indes auf die Torfstecherei, die mit der Salzgewinnung eng in Verbindung steht und dafür von großer Bedeutung ist. Der kleine Ort Sülze, abgeleitet von „op dem Sollte“ (auf dem Salze) wurde bereits 1349 urkundlich in einem Verzeichnis über die Erhebung eines sogenannten (Salz-)Pfannenzinses erwähnt. Später finden sich zudem auch Angaben darin zur Nutzung einer sogenannten Sudpfanne, einem flachen metallenen Behälter, der in vorindustrieller Zeit zur Gewinnung von Speisesalz verwendet wurde, und damit für das Salzsiederecht.

„Der Ort war möglicherweise durch die Inbetriebnahme der Saline überhaupt nur gegründet worden“, weiß Anke Maecker, die ursprünglich aus dem Ort stammt, zu berichten. „Das Salz bestimmte fast fünf Jahrhunderte lang die Geschicke in den kleinen Heidedörfern um den Salzstock. Viele Einwohner waren als Sieder und Sölter, also Salzfahrer, tätig.“

Die Rechte zum Salzabbau lagen bei den Herzögen des Fürstentums Braunschweig und Lüneburg. Sie förderten die Erschließung der Sülzer Sole unter anderem auch, um hier ein wirtschaftliches Standbein zu haben – allzu mächtig schien daneben die Hansestadt Lüneburg. Die hiesigen Salzvor-

Der Salzfahrer in der Altstadt verweist auf das „Weiße Gold“ in der Heide.

kommen gewährten eine gewisse Unabhängigkeit, auch wenn die Sülzer Sole letztlich kaum konkurrieren konnte.

Die Pacht wurde an regionale Siedepfannenbesitzer vergeben. Beim Sieden wurde die Salzsole, die vorweg in einem Gradierwerk eingedickt wurde, über Torffeuer in Pfannen erhitzt, das enthaltene Wasser verdampfte, zurück blieb das sogenannte Siedesalz. Dafür mussten die Sülzer an den offenen Siedepfannen stehen – eine sehr heiße Angelegenheit und das rund um die Uhr. Doch bald mussten neue Siedestellen errichtet werden, die sogenannten Salzkaten.

Besonders das Gebiet um Altensalzkoth, wo einst ein Torfvogt, der die Verwaltung der Torfgebiete unter sich hatte, und ein Salzschreiber – Verwalter der Saline – zuhause waren, erlangte im frühen 18. Jahrhundert große Bedeutung.

„Die Saline ging sozusagen auf Wanderschaft“, erklärt Anke Maecker, die ihre Gäste auch gern an dem Salzfahrer in der Celler Innenstadt vorbeiführt. „Zwischen 1719 und 1725 verlegte man die Soleleitung ins fünf Kilometer entfernte Altensalzkoth.“ Der Ortsname erinnert noch daran, „doch produktives Wirtschaften sah anders aus und die Siedestellen wurden bald wieder zurückverlegt.“ Der wichtige Brennstoff Torf musste in den naheliegenden Mooren gestochen und über Wasserkanäle auf sogenannten Torfkähnen transportiert werden. „Mancherorts sind noch die Spuren der Salzgewinnung in der Natur zu erkennen, etwa alte Kanäle.“

1862 wurde der Betrieb in der Sülzer Saline schließlich eingestellt, da die Erträge nicht mehr rentabel waren. Der Ortsname ist übrigens auf die Salzfahrer zurückzuführen, denn auf Platt wurde aus Sölter „sult“ und daraus das hochdeutsche Wort Sülze. Ein kleines Museum, welches dort 2012 eröffnet wurde, informiert heute über die ehemalige Salzgewinnung in der Südheide.

Nicht weit von den dortigen Salzvorkommen entfernt verlief eine Salzstraße, die von Lübeck über Lüneburg und Braunschweig bis nach Basel führte. An jener Strecke lag ein alter

„Zwischen 1719 und 1725 verlegte man die Soleleitung ins fünf Kilometer entfernte Altensalzkoth. Doch produktives Wirtschaften sah anders aus und die Siedestellen wurden bald wieder zurückverlegt.“

Hof, der bereits im Mittelalter als Rastplatz für Ochsengespanne bekannt war. 1804, die alte Salzstraße war aufgrund eines Dekrets von Napoleon mittlerweile zu einer Heerstraße ausgebaut worden, eröffnete der Frachtkaufmann Peter Heinrich Dehning (1781-1831) daran gelegen eine Gastwirtschaft, welche fortan als Dehningshof bezeichnet wurde. Bis ins 20. Jahrhundert hinein blieb der Hof Ausspannwirtschaft für Fuhrmannsleute.

Anfang der 1960er-Jahre wurden die historischen Fachwerkgebäude originalgetreu renoviert. Der Dehningshof hieß da schon längst „Zur Alten Fuhrmanns-Schänke“, obwohl auf vielen Wegweisern noch immer der alte Hofname steht, und machte schließlich auch als gehobenes Restaurant und Naturhotel von sich reden. Umgeben von den stillen Wäldern, Mooren und weiten Heideflächen kehrte man wie wohl schon im Mittelalter immer gerne ein. Heute ist das Anwesen ein Hotel- und Ferienhof mit 18 Zimmern.

„Mancherorts sind noch die Spuren der Salzgewinnung in der Natur zu erkennen, etwa alte Kanäle.“

So geht's zum Salzfahrer:

Die kleine Skulptur befindet sich an der Fassade Piltzergasse 11.

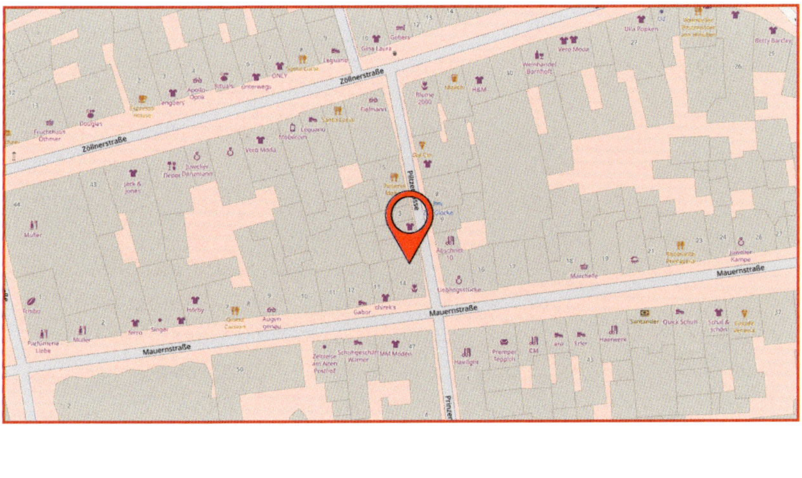

F.C.S.

40

Hut

Spuren aus der Barockzeit

Immer wieder stoßen wir in Celle auf ein sonderbares Zeichen: einen Hut und die Initialen *FCS*. Doch was hat es mit diesem Geheimnis auf sich, das wir etwa an Häusern, Toren oder Hofmarkierungen entdecken können? Der Hut gibt den Hinweis auf einen der bekanntesten Männer der Stadt, genauer auf eine historische Figur aus der Barockzeit, die nicht nur im Ort, sondern auch im Landkreis noch immer präsent ist und allerorts vielfältige Spuren hinterlassen hat. Der Hut symbolisiert die Herkunft von Francesco Maria Capellini (1640-1694), genannt Stechnelli. Der Familienname Capellini leitet sich dabei von italienischen Wort cappello für Hut ab.

Besagter Capellini, ein Italiener aus Rimini, war einst nicht nur in Diensten des letzten Celler Herzogs Georg Wilhelm (1624-1705) in Celle und Umgebung tätig, sondern bald im gesamten Fürstentum Braunschweig-Lüneburg. Er wurde 1640 geboren, seine Eltern Antonio Maria und Clara Capellini gehörten einer verarmten italienischen Adelsfamilie an. Zwölf Vertreter seines Standes aus seiner Geburtsstadt sollen später bezeugt haben, dass seine Vorfahren adeliger Herkunft waren.

Stechinelli kam als 15-Jähriger im Gefolge des Celler Herzogs in die Residenzstadt im Norden. Angeblich war Georg Wilhelm, der den Bettelknaben auf einer seinen vielen Italienreise kennengelernt hatte, von dessen Ehrlichkeit beeindruckt. In Celle absolvierte der Junge zunächst eine Ausbildung zum Kammerdiener – und legte anschließend eine geradezu hollywoodreife Karriere hin. Bereits im ersten Jahr nach der Ankunft erwarb Stechinelli seine erste Immobilie, die Grundlage seines späteren Reichtums. Zehn Jahre später – und so zielstrebig wie erfolgreich –, heiratete der Italiener eine in Celle ansässige Hugenottin, bekam mit ihr einige Kinder. Damit machte er sich am Hof endgültig unentbehrlich. Für Herzog Georg Wilhelm war der Mann, der wohl seiner dünnen Beine wegen Stechinelli (stecchino=Zahnstocher) genannt wurde, unter anderem als Sekretär, Hofagent und Auslandsdiplomat sowie als Wareneinkäufer tätig. Er betätigte

Steinernes Wappen eines berühmten Mannes.

sich zudem als Bankier und Geschäftsmann und fungierte als Gastronom. Sein beruflicher Erfolg brachte ihm nicht nur ein beträchtliches Vermögen ein, sondern auch den erblichen Titel und Namen Graf von Wickenburg, 1688 von Kaiser Leopold I. verliehen. Somit durfte er nun auch ein Wappen führen. In Ermangelung eines bestehenden Familienmotivs und möglicherweise als Hinweis auf sein einstiges Dasein als Bettlerjunge in Italien, wählte er den Hut als Wahrzeichen.

In Ermangelung eines bestehenden Familienmotivs und möglicherweise als Hinweis auf sein einstiges Dasein als Bettlerjunge in Italien, wählte er den Hut als Wahrzeichen.

Stechinellis Ansehen wuchs ebenso stetig wie die Familie. 1675, nach dem Tod seiner ersten Frau, ehelichte er die Tochter eines Celler Hofrats. Auch aus dieser Verbindung gingen mehrere Kinder hervor – er hatte schließlich 13-fachen Nachwuchs. Die Söhne ließ er katholisch taufen, die Töchter evangelisch. Ein prachtvolles Haus in Celle aus dem ehemaligen Stechinelli-Besitz ist heute bekannt als Hotel Fürstenhof. Hier stand einst ein Brunnen unter den Kastanienbäumen, den er seiner zweiten Frau gewidmet hatte mit der Aufschrift *Die sanfte Rose ist mein Leben*. Er ist heute noch im Innenhof der Ritterschaft am Schlossplatz zu finden. Auch das Stechinelli-Haus am großen Plan demonstriert den Reichtum der Familie. Selbst der Ballhof in Hannover, 1649 bis 1664 als Fest- und Federballspielhalle erbaut, war zeitweise in Stechinellis Besitz. In Celle soll er ein Dutzend herrschaftliche Immobilien besessen haben und nicht umsonst ist in der Literatur ein Hinweis zu finden, der ihn aufgrund seines Geschicks im Umgang mit Geld wie mit den Obrigkeiten als der „größte Kapitalist im Lande“ beschreibt.

Das Wappen mit dem berühmten Hut und den Initialen *FCS* ziert heute noch allerorts – von Braunschweig bis Bremen – die ehemaligen Besitztümer des Mannes, der sich letztlich bis zum Generalpostmeister des Fürstentums Braunschweig-Lüneburg hochgearbeitet hatte. Auf einem Haus in der Innenstadt ist noch eine Wetterfahne mit den Initialen Stechinellis zu finden. Auch im Landkreis sind seine Spuren gegenwärtig, beispielsweise das Junkerntor in Winsen. Stechinelli war Lehensträger des einst dazugehörigen Rittergutes, welches 1882 niederbrannte. Das Tor ist heute Bestandteil des Gemeindewappens. Sein früheres Gut liegt in

Wiekenberg, 17 Kilometer westlich vor den Toren der Stadt Celle gelegen. Er erwarb das Anwesen 1677. Einige Jahre später ließ er darauf eine Kapelle erbauen. Von außen wirkt der Sakralbau wie ein Bauernhaus mit Säulengang und Dachreiter, die innere Ausgestaltung ist feinstes Barock. Die Kapelle wurde protestantisch geweiht und folgend für Gottesdienste genutzt, welche per Dekret alle vier Wochen ein Pastor aus dem nahe gelegen Winsen zu zelebrieren hatte. Daran hat sich bis heute nichts geändert, auch wenn die Pastoren nun auch von woanders herbeieilen. Die eingebaute Gutsherren-Prieche indes konnte der Bauherr nicht mehr nutzen – Stechinelli verstarb 1694 in Celle. Im Celler Kirchenbuch wurde vermerkt, dass sein Leichnam vier Tage später nach Hildesheim überführt und dort im Gewölbe unter dem Chor der Magdalenenkirche beigesetzt wurde. Seine Nachkommen verließen später den Ort, denn als sein Gönner 1705 verstarb, fiel das fürstliche Erbe an den Familienteil in Hannover. Das Hofleben hier erlosch für lange Zeit, die Adligen wanderten ab.

„Ein guter Mann, er ist mit niemandem schlecht. Stechinelli hat uns sehr lachen machen“, so hieß es angeblich in Hannover einst aus dem Mund einer hochgestellten Dame zu dem betuchten Italiener aus Celle, „nur seine Offenheit bringt ihn in Ungnade, aber seine Späße setzen ihn wieder in Gunst.“

So geht's zum Hut:

Der Hut befindet sich an den alten Begrenzungssteinen, die auf dem heutigen Gelände des Kreistages zu finden sind, Eingang Straße Trift, von dort etwas links halten.

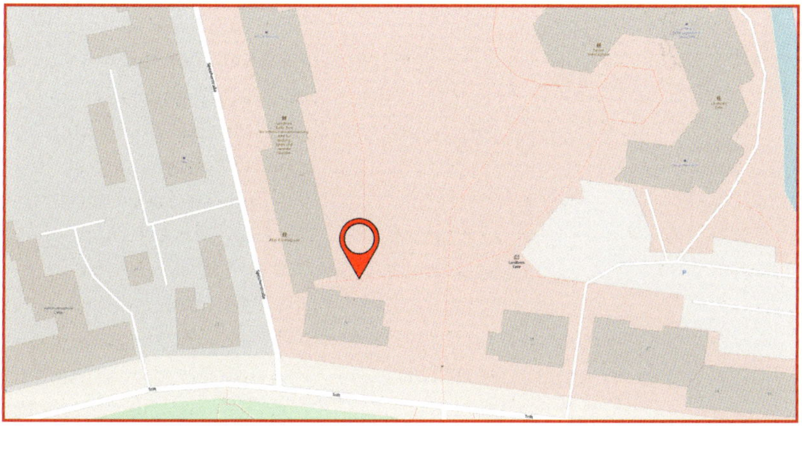

41

Astrologe

Fachwerkzier an der Ratsbadestube

Ein Fachwerkhaus aus der Renaissance hat vor einigen Jahren eine grundlegende Sanierung erfahren, in die unter anderem auch die Fassade miteinbezogen wurde. Seit langem ist in dem Haus eine Töpferstube untergebracht. Doch ein Blick auf die üppige Fassadenzier an einem Haus in der Schuhstraße in der Altstadt zeigt, dass hier in früheren Zeiten andere Gewerke beheimatet waren.

So ist an einem Balken rechts ein sitzender Astrologe zu entdecken, der in der linken Hand eine Kugel hält und seinen Blick konzentriert auf diese richtet. Die Figur ist ein versteckter Hinweis darauf, dass sich hier eine Badestube befand, wie auch an der Fassade schriftlich fixiert ist: die Celler Ratsbadestube, die über zwei Jahrhunderte lang von 1526 bis 1730 existierte. „Der Bau der Celler Ratsbadestube wurde einst vom Rat der Stadt veranlasst", so der heutige Hausbesitzer Andreas Behrends, der sich sehr mit der Bauzeit des Hauses beschäftigt hat. Vorn im Gebäude lagen die Behandlungsräume und die Wohnung des Baders. „Das eigentliche Badehaus wurde Mitte des 18. Jahrhunderts abgerissen."

„Der Bau der Celler Ratsbadestube wurde einst vom Rat der Stadt veranlasst."

Das französische Wort Renaissance bedeutet Wiedergeburt und es ging dabei vor allem um die Wiederentdeckung der Gedankenwelt und Gestaltung in der Antike. Auch die Astrologie erlebte dabei ein Revival, galt diese schließlich als die Königin der Wissenschaften. Diese hatte nicht nur in der alltäglichen Lebenswelt einen festen Platz, sondern auch in der Kunst, die zum Ausdruck bringen wollte, dass das, was sich am Firmament abspielte, ebenso auf Erden bedeutsam war.

Man war außerdem der Meinung, dass die Zeit nicht nur einfach so verging, sondern eine gewisse Qualität besaß, die man bemessen konnte. „Damals, so dachte man, hätten die Sternkonstellation und der Lauf der Planeten – die großen, mit bloßem

Der Blick in die Kugel war für den Bader in der Renaissance wichtig - danach wählte er den Zeitpunkt zur Therapie aus.

Auge sichtbaren Himmelskörper – einen großen Einfluss. Sonne, Mond, Mars, Merkur, Jupiter, Venus und Saturn regelten die Geschicke innerhalb der zwölf Tierkreiszeichen", berichtet dazu Andreas Behrens weiter. „Sie wurden jeweils einem Wochentag zugeordnet. Die Menschen versuchten, die richtigen Entscheidungen, etwa in der Politik, Landwirtschaft oder Medizin, mithilfe der Astrologie zu fällen."

„Die Menschen versuchten, die richtigen Entscheidungen, etwa in der Politk, Landwirtschaft oder Medizin, mithilfe der Astrologie zu fällen."

Gerade in der Medizin hatte das äußerst weitreichende Auswirkungen. Hier griff die antike Säftelehre, auch Humoralpathologie genannt und von dem Arzt Hippokrates im 5. Jahrhundert vor Christus entwickelt. Sie besagte, dass der menschliche Körper dem Einfluss der Körpersäfte Blut, Schleim, gelbe und schwarze Galle ausgesetzt ist, die alle auf ihre ganz eigene Weise auf Wohlbefinden und Gesundheit eingreifen – und stets in einem ausgewogenen Verhältnis entsprechend der menschlichen Charaktere stehen sollten.

Es war die Aufgabe des sogenannten Baders, der oftmals zugleich auch der Astrologe war, die medizinische Grundversorgung für einen großen Teil der Bevölkerung zu garantieren. Dieser war somit für den gesundheitlichen Zustand der Bevölkerung verantwortlich und behandelte seine Patienten nach dieser Lehre, die bis ins 19. Jahrhundert hinein ein wichtiger Be_ standteil der Therapien war. Überwiegend waren Bader heilkundige Männer, die ihre Tätigkeit an den besagten Sternkonstellationen festmachten und als Barbiere und Wundärzte, Naturheiler, Chirurgen und Zahnärzte tätig waren. Aber auch in Sachen Hygiene, Kosmetik und Haar- und Bartpflege galten sie als erste Adresse, auch wenn die Tätigkeit eines Baders vielerorts als unehrenhaft gesehen wurde, hatte er doch vor allem mit Krankheit und Siechtum zu tun.

Dazu der versierte Renaissance-Kenner Andreas Behrens: „Dem Behandler kam die Aufgabe zu, die richtige Zeit für eine medizinische Maßnahme zu bestimmen. Dazu dienten die Sterne. Er achtete dabei auch auf die Jahreszeiten, das individuelle Lebensalter und das Temperament seiner Patienten. Dazu werden vier Typen unterschieden, die schlechten Säfte wurden abgelassen, um Gesundheit und die damit verbundene Lebenszeit zu verlängern."

Ein Sanguiniker wird dabei dem Blut zugeordnet und als heiterer, aktiver Typ gesehen, der träge und eher passive Phlegmatiker wiederum dem Schleim. Ein Choleriker gilt als leicht erregbarer Typ und findet sich bei der gelben Galle einsortiert, der nachdenkliche, oft zu Trübsinn neigende Melancholiker, hingegen bei der schwarzen Galle. Zu viel ist ebenso schlecht wie ein Zuwenig und führt zu Krankheiten. Die Säftelehre nimmt auch Einfluss auf die Ernährung. So gelten bestimmte Lebensmittel als wärmend, kühlend oder feucht und wurden gemäß der Lehre als Ausgleichsmaßnahmen verordnet.

„Der Astrologe war oftmals zugleich auch der Harnbeschauer, weswegen manche hier auch den Astrologen an der Ratsbadestube als solchen betitelt.“

„Alles hatte also Einfluss, um dann etwa einen Aderlass vorzunehmen, Medizin zu verabreichen oder eine Harnbeschau zu machen. Der Astrologe war oftmals zugleich auch der Harnbeschauer, weswegen manche hier auch den Astrologen an der Ratsbadestube als solchen betitelt“, kann der Hausbesitzer aufklären. Die Harnbeschau – betrachten und prüfen des Urins mittels verschiedener Methoden – galt damals als wichtiges diagnostisches Mittel und ist bis heute eine gängige Methode zur Ermittlung möglicher Krankheiten oder zum frühen Nachweis einer Schwangerschaft. Mögen die Möglichkeiten unter den modernen Bedingungen in Laboren mit hochtechnischen Geräten dafür heute effizienter und differenzierter sein, unterm Strich bleiben bestimmte Parameter, die Heilkundige in früheren Zeiten ebenfalls schon kannten: Farbe, Beschaffenheit, Geruch, Dichte, Ablagerungen und auch der Geschmack gaben ihnen damals schon wichtige Hinweise – vor allem im Zusammenhang mit der körperlichen Konstitution und dem Geschlecht der einzelnen Patienten konnten sie damit ihre Rückschlüsse ziehen. Doch dazu waren auch noch weitere Punkte zu berücksichtigen, unter anderem die seelische Verfassung. Denn Traumata, Trauer oder Angst führten nach der vorherrschenden Lehrmeinung über Jahre hinweg zu einem Ungleichgewicht im Säftehaushalt. Für die Urinbeschau wurde der Morgenurin gefordert. Er wurde frisch und nochmals einige Stunden später wegen der sogenannten Niederschläge, die in der Zeit möglicherweise zum Glasboden rieselten, begutachtet. Frischer und gesunder Urin ist leicht gelblich und nahezu geruchslos.

Eine dunkelgelbe Farbe aber weist auf Dehydrierung hin, ebenso auf eine Entzündung der Blase oder Bauspeicheldrüse. Ein unangenehmer Geruch kann, abgesehen von manchen Speisen, auch von Entzündungen herleiten, vor allem, wenn obendrein Blutschlieren sichtbar sind. Ein brauner Urin hat vielleicht Nierenprobleme als Ursache. Ist der Urin schaumig, beinhaltet er zu viel Eiweiß, was auf Bluthochdruck schließt, fettige Eintrübungen auf Geschlechtskrankheiten, Tumore oder Parasiten. Früher kosteten die Ärzte sogar den Urin ihrer Patienten! Schmeckte er süßlich, erkannte ein versierter Beschauer einen sehr hohen Glukosegehalt und damit die Zuckerkrankheit, also Diabetes mellitus. Süßlich riechender Urin verwies allerdings auch auf eine mögliche Schwangerschaft. Die Ergebnisse der Beschau lagen dabei nach heutigen Erkenntnissen oft gar nicht immer so weit von den heutigen modernen Diagnosen entfernt.

Heute ist diese Form der Badekultur hierzulande längst verschwunden. Der fein geschnitzte Astrologe, der einen hölzernen Balken ziert und zugleich wahrscheinlich auch einen Bader darstellt, überdauerte indes alle Zeiten und erzählt heute von der damals gängigen medizinischen und kosmetischen Praxis in der Stadt.

So geht's zum Astrologen:

Die Figur befindet sich am Haus in der Schuhstraße 27.

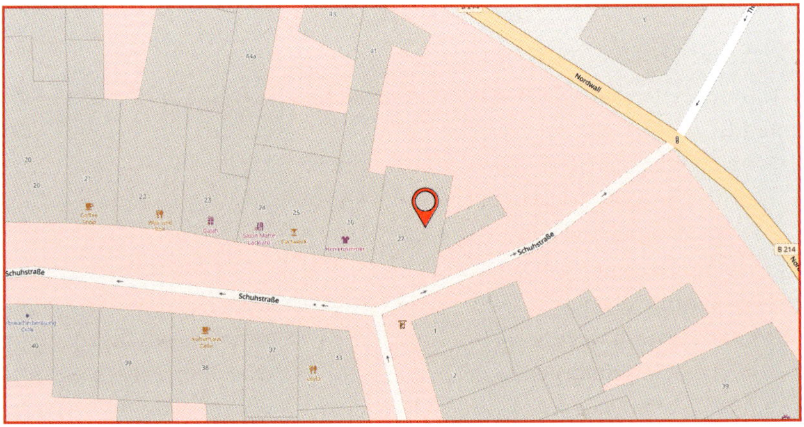

Gästeführerin Ulrike Eggers weiß, wo der Torgraben zu finden ist.

Torfgraben 42

Ein wenig Umweltgeschichte

Einst schützten ausgedehnte Moore die Residenzstadt Celle vor ungebetenen Gästen und Angreifern. Südlich und westlich der Stadt gelegen bildeten sie eine schier unüberwindbare Barriere, die zu passieren nur schwer gelang, vor allem wenn obendrein Hochwasser diese zeitweise in weite Seenplatten verwandelte. Stadtgründer Otto der Strenge (um 1266-1330) mag den Standort 1292 aufgrund dieses natürlichen Schutzes wohlüberlegt gewählt haben, doch unter seinen Nachfahren wurden Bestrebungen unternommen, die Flussläufe zu verändern. Schon Herzog Christian Ludwig (1622-1665) versuchte, die Fuhse zu zähmen, die sich von Süden/Südosten kommend durch die Stadt schlängelt. In den Jahren 1766 bis 1769 wurde der so genannte Fuhsekanal gebaut, um die Stadt künftig vor Hochwasser zu schützen. Dieser mündet nördlich von Hambühren in die Aller. Der Fluss selbst fließt nordöstlich des Kanals weiter und trifft im Nordwesten des Stadtteils Neustadt linksseitig auf die Aller. Somit wird ein Teil des Fuhsewassers bis heute von der Stadt abgeleitet. Das städtische Grundwasserniveau konnte durch den Bau des Kanals um etwa einen Meter dauerhaft abgesenkt werden.

Der Bau schränkte indes die Torfstecherei sehr ein, die bis dahin hier allerorts üblich war. Hierzu kann Ulrike Eggers einiges berichten, denn sie lebt im Celler Stadtteil Westercelle, in dessen Umgebung dazu heute noch die Spuren zu finden sind – beispielsweise ein sehr alter Torfschiffgraben, der dann vom Fuhsekanal durchkreuzt und somit seiner Funktion beraubt wurde. Sie zeigt auf dessen Verlauf, der ursprünglich von einer Torfscheune im „Weißen Moor", welches einst südlich der Stadt lag, zur alten Hannoverschen Heerstraße führte, die heute im Stadtgebiet unter anderem dem Straßenverlauf zwischen den beiden Ortsteilen Westercelle und Bennebostel entspricht – die B 3 gab es noch nicht. Hier war der Graben mit einer Sperrschleuse abgedämmt, damit er nicht leerlief. Nachdem er unbrauchbar geworden war, wurde er nach und nach zugeschüttet. An mancher Stelle indes ist er durchaus noch erkennbar.

„Dieser Graben war ursprünglich acht Meter breit und etwa einen Meter tief", erklärt Eggers. „Zum Ende hin war er noch weiter, was sich tatsächlich erahnen lässt." Hier wurden die mit Torf beladenen Kähne entladen. Torfbrocken wurden dafür in kleine Stücke geschnitten, herausgehoben und von Frauen in dicken Holzschuhen zunächst sozusagen trocken getreten. Dann wurden sie zum Trocknen auf-geschichtet und schließlich über die Entwässerungsgräben weiter transportiert. „Das war eine schwere Arbeit, die nur karg entlohnt wurde", weiß die alteingesessene Cellerin. „Noch 1936 wurden im Schnitt vier- bis fünftausend Stücke täglich gestochen, wenngleich dann auf anderen Kanälen transportiert. Doch der Verkauf brachte nur etwa eine Mark fünfzig – für 1.000 Stücke."

„Dieser Graben war ursprünglich acht Meter breit und etwa einen Meter tief. Zum Ende hin war er noch weiter, was sich tatsächlich erahnen lässt."

Die getrockneten Torfstücke fanden lange Zeit Verwendung als Heizmaterial, besonders der sogenannte Backtorf, ziegelsteinähnliche Stücke, war begehrt. Die weniger schönen Stücktorfbrocken verheizten die Siedlerfamilien meist selbst – Torf als Heizmaterial verschwand hierzulande im Laufe der Jahrhunderte weitestgehend und wurde von Kohle, Gas und Öl ersetzt. Doch im Cellerland blieb Torf noch lange die „Kohle der Heidjer".

Die Moorgegenden um Celle herum sind heute überwiegend urbar gemacht und in Grünland umgewandelt worden – doch mancher Name verweist noch darauf: der Ort Großmoor beispielsweise, nur wenige Kilometer südlich gelegen, oder auch die Straße Moorkamp im Stadtteil Boye. Manche Spuren wie die des Kanals und des Torfschiffgrabens verweisen indes auf einen wichtigen Teil der Celler Umweltgeschichte – zum einen auf die Nutzung der regionalen Schätze zur Energieversorgung, zum anderen auf die Bauleistung der Vorfahren, um die Stadt vor Hochwasser zu schützen.

So geht's zum Torfgraben:

Wilhelm-Hasselmann-Straße, am Freibad Westercelle Richtung Bennebostel vorbei, nach etwa vier Kilometern ist rechts im Gelände eine Vertiefung zu finden, die manchmal Wasser führt. Die Straße geradeaus weiter bis zur Kurve und dort nach rechts auf eine ehemalige Eisenbahntrasse einbiegen, dort findet sich nach etwa 100 Metern auch eine Informationstafel dazu.

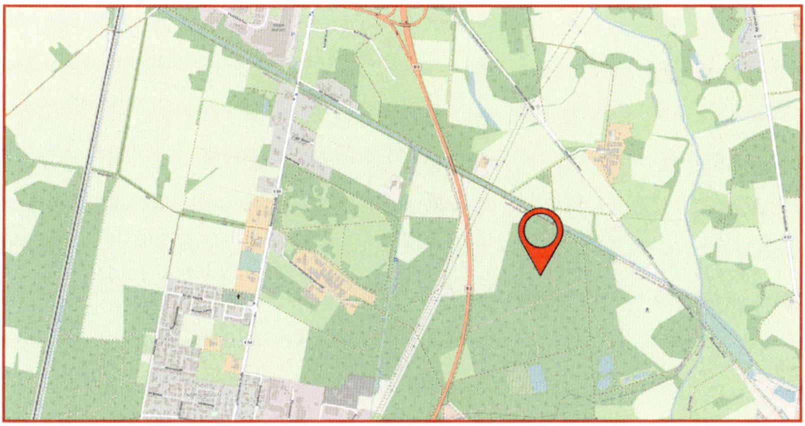

Marken

Mahnende Erinnerungen

Gleich drei Flüsse – Aller, Lachte und Fuhse – fließen durch Celle. Im Laufe der Jahrhunderte ist es trotz hoher Wälle und Dämme immer wieder passiert: Die Stadt stand unter Wasser, wenn diese Flüsse beispielsweise nach heftigen Regenfällen über die Ufer traten. Es lief durch die Gassen und Straßen – und in die Häuser. Mühlen, Wehre und Brücken wurden dabei oftmals zerstört und sogar teils fortgespült.

Manchmal stieg das Wasser in mehreren Jahren hintereinander, dann war wieder jahrzehntelang nichts. Daran erinnern in Celle sogenannte Hochwassermarken, verschiedenartige Metalltafeln, die nach einem Jahrhunderthochwasser im Februar 1946 vom damaligen Wasserwirtschaftsamt Verden in der Stadt aufgestellt wurden. Damals sorgten einsetzendes Tauwetter, besonders ergiebige Regenfälle und die zugleich im Harz beginnende Schneeschmelze für die ungewöhnliche Waserlage, bei der der Pegelstand schnell auf 5,28 Meter kletterte.

„Ab einem Pegelstand über 4,80 Meter wird es in der gesamten Stadt recht nass", weiß Jochen Barth zu erzählen, der sich mit der Geschichte der Stadt Celle bestens auskennt. Belegt sind seit dem Jahr 1649 für das weitere 17. Jahrhundert fünf Jahre mit schwerem Hochwasser. Im 18. Jahrhundert sind 15 verzeichnet, vor allem fast jährlich gegen Ende wie in den Jahren 1775, 1776, 1777 und 1794 bis 1799. Für das 19. Jahrhundert sind zehn Hochwasserjahre notiert: Im Jahr 1830 stieg das Wasser auf unglaubliche 5,82 Meter an, 1871 machte es in Verbindung mit einer schweren Typhus-Epidemie der Einwohnerschaft in Celle das Leben schwer. 1881 lag der Pegelstand bei 5,57 Metern. Die Innenstadt war damals nur noch von der Nordseite über den Ortsteil Hehlentor zugänglich.

„Für das 20. Jahrhundert sind zehn Hochwasserjahre verzeichnet. Eine eher unscheinbare dunkelbronzefarbene Hochwassermarkierung an einer Brücke über die Fuhse erinnert an den 22. Januar 1918, als der Hochwasserstand bei Normalnull plus 37,91 Meter war," so Barth weiter. „Da stand das Wasser schon ziemlich hoch."

Wenige Jahre später, 1923, musste die um 1900 über die Aller gebaute

Jochen Barth hat sich intensiv mit den verschiedenen Hochwasserlagen in Celle und den dazugehörigen Marken beschäftigt

Holzbrücke, die zunächst als schwimmendender Fußgängersteg angelegt und bereits mehrfach von Hochwasser in Mitleidenschaft gezogen worden war, endgültig abgebrochen werden. 1926 wurde die neue Brücke, für die im Volksmund rasch der Name Pfennigbrücke gebräuchlich wurde (da zur Überquerung bis 1942 noch Wegezoll gezahlt werden musste), zerstört und fortgerissen.

„Die gesamte norddeutsche Tiefebene war betroffen und allerorts stand das Land unter Wasser."

„Noch heute verweisen auch Tafeln etwa an der Fuhsebrücke oder an der Aller auf das sogenannte Celler Jahrhunderthochwasser im Jahr 1946", erklärt Jochen Barth. „Die Tafel an der Fuhse dokumentiert den dort am 12. des Monats feststellten Hochwasserstand von NN + 37,70, für die Aller wurde ein Wert von NN + 38,75 m notiert. Die gesamte norddeutsche Tiefebene war betroffen und allerorts stand das Land unter Wasser."

1994 forderte das Hochwasser in der Residenzstadt sogar ein Todesopfer. In der jüngeren Vergangenheit waren unter anderem die Jahre 2003 und 2008 betroffen und ganz besonders das Jahr 2013, als am 31. Mai der Allerpegel mittags auf über viereinhalb Meter anstieg. Straßen standen teils knietief unter Wasser, an der Lachte wurden Keller und Wohnräume geflutet. Ebenso war auch 2017 ein Hochwasserjahr.

Im Allerauenpark sind seit Frühjahr 2023 ebenfalls Hochwassermarkierungen zu entdecken.

Die Entstehung von Hochwasser ist ein natürliches und mehr oder weniger regelmäßig auftretendes Ereignis und hängt von verschiedenen Faktoren ab wie der Stärke der Niederschläge, den Bodeneigenschaften, der Landschaftsform, dem Versiegelungsgrad, der Bodenverdichtung oder auch dem Bewuchs, doch ob sich daraus eine Katastrophe entwickelt, beeinflusst vor allem der Mensch, indem er in potenziell gefährdeten Regionen siedelt oder Landschaften verändert. Auch in Celle wurden Wasserläufe und -flächen im Laufe der Jahrhunderte begradigt, gestaut, Flussauen und Überschwemmungsflächen entwässert und eingedeicht, überbaut oder in landwirtschaftliche Flächen umgewandelt.

„Wir machen uns aber nicht klar, dass Hochwasser als Bedrohung für einen Ort und damit als reale Gefahr für Mensch und Tier, Leib und Leben, Hab und Gut oftmals selbst verursacht ist.", erklärt Jochen Barth dazu.

Erschreckendes Beispiel aus jüngster Zeit ist das Jahrhundert-Hochwasser

2021 in Rheinland-Pfalz und Nordrhein-Westfalen: Alleine an der Ahr starben mindestens 135 Menschen. Insgesamt verloren mindestens 185 Menschen durch die Flut ihr Leben.

Der Celler Herzog Otto der Strenge (um 1266-1330) mag 1292 den Standort seiner neuen Stadt wohlüberlegt haben, sie war schließlich durch die ringsum liegenden Moore recht gut vor Eindringlingen geschützt. Doch man hat durch die Jahrhunderte vielfach in die empfindlichen natürlichen Vorgänge eingegriffen.

„Mag die Stadt in Sachen Hochwasserschutz heute durch die Kombination unterschiedlicher Vorsichtsmaßnahmen gut aufgestellt sein und sogar für die statistisch gesehen etwa alle 100 Jahre auftretenden Jahrhunderthochwasser eigene Überschwemmungsgebiete festgelegt haben, so bleibt doch immer ein Restrisiko“, so Jochen Barth. „Und auch wenn wir heute Staumauern ziehen, Pumpen und Sandsäcke einsetzen, kaum mehr Nutzvieh in der Stadt halten, Nahrung von Gott weiß woher im Supermarkt einkaufen können und der Schaden vielleicht nicht mehr in dem hohen Maße existenz- und lebensbedrohlich sein mag wie in früheren Zeiten, es entstünde dabei aber doch wieder materielle Not für zahlreiche Menschen. Die Tafeln erinnern noch daran.“

So geht's zu den Marken:

An der Fuhsebrücke Spörckenstraße/ Hannoversche Straße, stadteinwärts an der linken Seite, am Weg hinab zur Fuhse.

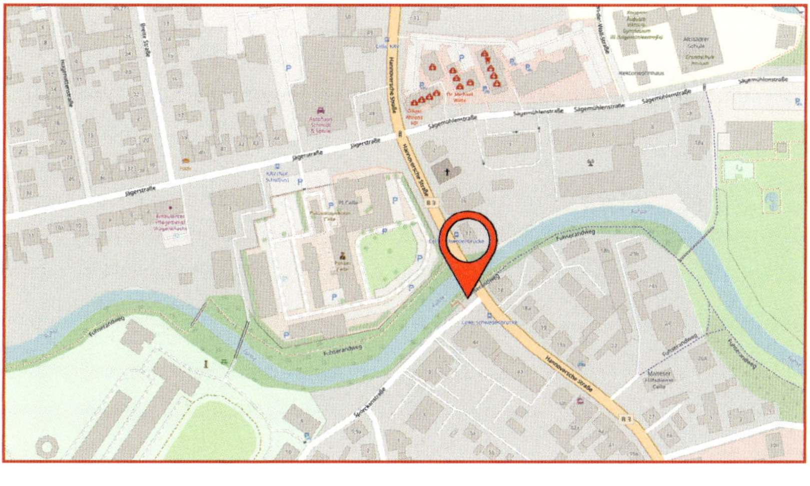

Maulbeerallee

Weg voller Geschichte

Maulbeerbäume sind bereits zur Zeit der Römer vor allem im südlichen Europa angebaut worden. Sie wachsen aber zum Beispiel auch in Celle, wo es seit einigen Jahren sogar am Südrand des sogenannten Französischen Gartens eine kleine Maulbeerallee gibt. Die Bäume der Sorte „Morus Alba", wie die anderen ihrer Art ursprünglich aus China stammend, tragen in den Sommermonaten Juni und Juli süße und saftige Früchte, die länglichen Brombeeren ähneln. Maulbeeren sind eine echte Delikatesse, reich an Enzymen, Mineralstoffen, Vitaminen. Da die Beeren schnell faulen, kann man zur Haltbarmachung daraus Saft machen oder die Früchte trocknen. Sie erinnern im Geschmack an Rosinen.

Die von Celler Unternehmen, Intuitionen sowie privaten Bürgerinnen und Bürgern gespendeten Bäume wurde indes nicht wegen der Süße der Früchte zur Allee angepflanzt, sondern nehmen Bezug auf die Anfänge der hiesigen Krankenpflege und die einstige Bedeutung von Celle für die deutsche Seidenindustrie im 19. und 20. Jahrhundert. Die Kultivierung der Gegend liegt sogar noch weiter zurück. Der sogenannte Wildgarten war im 17. Jahrhundert ein herzogliches Wildgehege, zeitweilig auch Tiergarten genannt. Doch nach dem Dreißigjährigen Krieg (1618-1648) war das Gehege ausgeplündert und wurde als Viehweide und in Teilen von Schützenvereinen zum Freischießen genutzt. Zeitweise war darauf eine Bleiweißfabrik zur Herstellung von Malerfarben angesiedelt, bis 1767 stand hier auch der Pranger zur Bestrafung von Soldaten, der dann in die Innenstadt versetzt wurde. Eine Kaffeewirtschaft kam später dazu.

„Der sogenannte Wildgarten war im 17. Jahrhundert ein herzogliches Wildgehege, zeitweilig auch Tiergarten genannt."

Und dann betrat eine junge Frau die Bühne des Geschehens: Emilie von Schlepegrell (1807-1860), ein unverheiratetes Fräulein aus bestem Hause,

Maulbeerbäume säumen den Weg, der viel zu erzählen hat.

Schwester eines Richters am Oberappellationsgericht (heute Oberlandesgericht) – und der aufstrebenden weiblichen Emanzipationsbewegung nicht abgeneigt. Sie benötigte dringend Geld, jedoch nicht für sich, sondern für den 1834 von Celler Bürgerinnen gegründeten Frauenverein, dem sie beigetreten war.

Dieser hatte es sich zum Ziel gesetzt, ein Kinder-Hospital zu begründen. Sie reaktivierte das Gelände, ließ es wieder mit Maulbeerbäumen bepflanzen, um Seidenraupen damit zu züchten. Die Blätter dienten als Futter für die Tiere.

Die Geldbeschaffung gelang und das Haus konnte mit vier Betten als erste medizinische Kindereinrichtung im Königreich Hannover starten. Im Jahr 1856 gewann der Verein aus den Kokons elf Pfund Rohseide, welche zum Weiterverkauf angeboten wurden. Eine Seuche in den 1860er-Jahren indes, die sogenannte Pébrine (Flecksucht), setzte dem Geldsegen durch Seifenraupenzuchten allerorts in Deutschland ein jähes Ende – die Tiere waren nicht mehr in der Lage, Seide zu produzieren und sich einzupuppen. Doch das von Emilie von Schlepegrell mitgegründete Kinderkrankenhaus blieb bestehen.

„Entscheidend für den Erfolg war die Aufzucht einer neuen Seidenraupenrasse, genannt Celler Weißspinner.“

Lange nach ihrem Ableben nahm sich 1928 der Unternehmer Wilhelm Wilke der verwaisten Maulbeerplantagen an. Mit Erfolg: Die Mitteldeutsche Spinnhütte GmbH entstand, welche schließlich kriegsrelevante Fallschirmseide im großen Stil produzierte – im Jahr 1939 waren es 1,5 Millionen Quadratmeter – und sich zum NS-Musterbetrieb entwickelte. Die Dreieckstücher für die olympischen Spiele 1936 stammten aus der Celler Fabrikation.

Entscheidend für den Erfolg war die Aufzucht einer neuen Seidenraupenrasse, genannt Celler Weißspinner. Scharen von Angestellten, auch Schüler, waren damit beschäftigt, die Kokons zu sammeln und die feinen Seidenfäden in heißem Wasser zu lösen. Celle wurde zur deutschen Seidenstadt. Das Werksgelände bildete bald einen kleinen Stadtteil für sich. Im Gebäude der Hauptverwaltung ist heute das Landessozialgericht zu finden. Im Stadtteil Vorwerk entstand die Webersiedlung mit 50 Häusern, die Reichsforschungsanstalt für Seidenbau wurde im April 1940 gegründet.

Und schließlich erfüllte die Anstalt noch ein ganz besondere Aufgabe: Nachdem Chemiker in Berlin das Prinzip der Kernspaltung entdeckt und das Potential dahinter erkannt hatten, war der erste Schritt zur Atombombe getan. Als die britische Luftwaffe 1943 mit Angriffsflügen auf deutsche Städte begann, lagerte die deutsche Atombombenforschung ihre Institute auf ländliche Gegenden aus, um die weiteren Forschungsarbeiten nicht zu gefährden. Die Celler Spinnhütte stellte hierfür zwei Nebengebäude zur Verfügung. Geleitet wurde das Uranprojekt vor Ort von dem Physikochemiker Paul Harteck, der später zum Rektor der Universität Hamburg berufen wurde. Und Celle wurde auf diese Weise für einen kurzen Moment Teil deutscher Wissenschaftsgeschichte.

Die kleine Maulbeerallee erinnert heute an diese wichtigen kulturhistorischen Aspekte, an die Sozial- und Medizingeschichte der Stadt, mutigen Unternehmergeist – und vor allem an eine engagierte Frau, die einen Grundstein gelegt hat, der bis heute von enormer Bedeutung ist: Die Kinderheil-Anstalt des weiblichen Vereins für Armen- und Krankenpflege in Celle wurde 1927 dem ebenfalls im 19. Jahrhundert als Bürgerstiftung geründeten Allgemeinen Krankenhaus zu Celle angeschlossen, welches seinerzeit mit 19 Betten und einer Pritsche für Krätzekranke den Betrieb aufgenommen hatte. Beide Häuser vereinigt bilden das heutige Celler Krankenhaus, seit langem einer der größten Arbeitgeber der Stadt.

So geht's zur Maulbeerallee:

Die Straße befindet sich entlang der Südseite am Französischen Garten, erster Teil abgehend von der Wehlstraße in Richtung Magnusstraße.

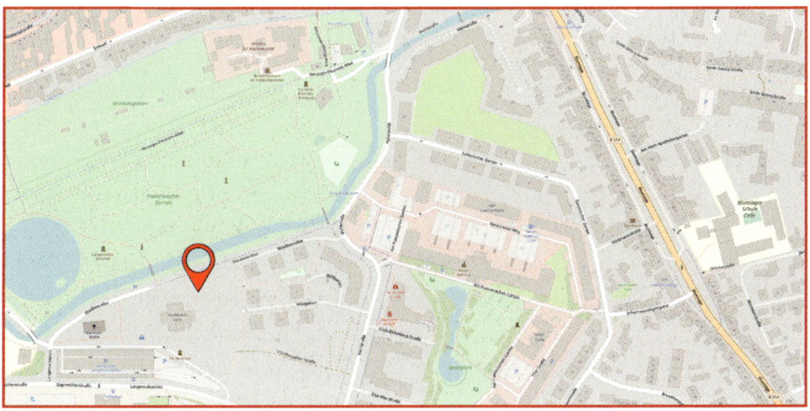

45

Wappen

Die Vorlage für Kermit?

Um es gleich vorwegzusagen: Wir wissen es nicht. Aber dass Jim Henson, Erfinder von Muppet Show, Sesamstraße und Kermit, dem Frosch, irgendwann mal in Celle gewesen sein könnte, bevor er eine seiner berühmtesten Figuren schuf, wäre schon denkbar. Denn wie sonst ließe es sich erklären, dass das weltberühmte Tier mit den großen Augen und dem noch größeren Maul hier zu entdecken ist?

Nun ja, letztlich wird es wahrscheinlich immer ein kleines Geheimnis bleiben. Fakt jedoch ist, dass das Celler Wappen – großflächig, mittlerweile auch schön bunt und vor allem gut sichtbar an der Südseite des zu Beginn des 20. Jahrhunderts erbauten Bomann-Museums zu finden – ganz eindeutig Kermit zeigt, Kultfigur bis heute, wenngleich in dezentem Grau und nicht etwa grasgrün wie das US-Idol. Dafür: mit schicker Goldkette, angedeutetem Brustschild und blau-weiß geringeltem Kopfschmuck. „Jim Henson muss diese Abbildung des Celler Wappens gesehen haben", ist Jürgen Matschiowalli, Gästeführer in Celle, fest überzeugt, „nur genau diese eine. Denn schaut man sich weitere Abbildungen in Stadtbild an, etwa am Rathaus, ist Kermit raus."

In der Tat ist der Frosch in Wahrheit eine angedeutete Figur mit Kopf im Bürgerhelm oder Visier, Schultern und Brust. Seinem Kopfschmuck, ein gewundener Stoffkranz, entspringen ringsum zahlreiche blau-silberne Blattranken, obendrauf stehen zwei zueinander gewandte Sicheln, die mit Pfauenfedern verziert sind. Unterhalb befindet sich ein Schild, mit drei Zinnen, Schießscharten und roten Dächern versehen, die auf einer hellen Mauer stehen. In einem schwarzen Tor unterhalb liegt schräg nach links geneigt ein gelb-goldenes Schild. Darin befindet sich ein von roten, herzförmigen Blüten umgebener blauer Löwe mit herausge-

> „In der Tat ist der Frosch in Wahrheit eine angedeutete Figur mit Kopf im Bürgerhelm oder Visier, Schultern und Brust."

Was sehen Sie? Bürgerschild, Visier … oder doch vielleicht Kermit, den Frosch?

stellter Zunge. Alle Darstellungen zusammen ergeben das Wappen der Stadt, welches in etwa in dieser Konfiguration bereits im Mittelalter vorhanden war. Die Sicheln könnten für den einstigen regen Kornhandel stehen, die Zinnen für Wehrhaftigkeit. Der Löwe indes ist nicht, wie oft gedacht, auf den berühmtesten aller Welfen (Celle ist eine alte Welfenstadt), Heinrich den Löwen (um 1130-1195), zurückzuführen – wie im Ursprungswappen der Stadt 1292 noch zu finden –, sondern auf seine Schwiegertochter, die dänische Königstochter Helena von Dänemark, (um 1180-1230), einst die Gemahlin von Herzog Wilhelm von Lüneburg (1184–1213). Sie war die Mutter von Herzog Otto I. das Kind (1204–1252) und gilt heute als Stammmutter aller Welfen. Seinerzeit war es durchaus üblich, dass Nachkommen, deren Mutter königlicher Herkunft war, das Wappen der Mutter und eben nicht das Stammwappen annahmen. So kam der blaue Löwe ins Welfenwappen und auch in das Wappen der Stadt Celle.

Die sieben als Herzen angedeuteten Lotusblüten erinnern möglicherweise wiederum an die damals doch sehr ungewöhnliche Geschichte der sogenannten sieben Brüder, die Söhne von Herzog Wilhelm dem Jüngeren (1535-1592) und seiner Gemahlin Dorothea von Dänemark (1546-1617).

Dazu erklärt Matschiowalli: „Diese haben einst höchst fortschrittlich gedacht und nach dem Tod des Vaters entschieden, zugunsten des jeweils Ältesten nacheinander das Land zu regieren." Schließlich galt es eine Erbteilung und den damit verbundenen finanziellen Zusammenbruch des Landes zu verhindern.

Doch in einer Sache haben sie die Primogenitur außen vor gelassen – wer für die Fortsetzung der Linie im dynastischen Sinne zuständig sein sollte, wurde per Los entschieden.

„Doch in einer Sache haben sie Primogenitur außen vor gelassen – wer für die Fortsetzung der Linie im dynastischen Sinne zuständig sein sollte, wurde per Los entschieden."

Dies fiel auf den Zweitjüngsten: Georg von Calenberg (1582-1641). Er erhielt ein Schloss im Harz, heiratete Anna Eleonore von Hessen-Darmstadt (1601-1659) und bekam mit ihr acht Kinder, wovon fünf das Erwachsenenalter erreichen sollten – vier Söhne und eine Tochter. Die Erbfolge war damit gesichert.

Tja, und was ist nun mit Kermit? War sein Erfinder, der amerikanische Puppenspieler, Regisseur und Fernsehproduzent Jim Henson (1936-1990) jemals hier? Nichts ist belegt, man kann nur mutmaßen. Doch es gilt als sicher, dass er nach dem Studium in den 1960er-Jahren Europa bereiste. Da allerdings hatte Kermit schon längst seine ersten Auftritte hinter sich. Erstmals trat er 1955 öffentlich auf – ausgestattet mit dem ausrangierten Frühlingsmantel von Hensons Mutter und Augen, bestehend aus zwei Tischtennisballhälften, was ihm damals noch ein eher echsenähnliches Aussehen gab. Erst später, nach einer Reihe von Fernsehauftritten, verwandelte sich der glupschäugige Kermit endgültig zum Frosch mit der spitzen Halskrause. Und schließlich auch zur Legende – denn immerhin hat er es bis ins National Museum of American History geschafft. Doch egal wie, der Celler Kermit sieht dem US-Kermit einfach zum Verwechseln ähnlich …

So geht's zum Wappen:

Auf der Straße Stechbahn, vom Schloss aus gesehen gleich links am Bomann-Museum.

Am Heiligen Kreuz 26

Bumarke

Seltenes Hauszeichen

„Bumarken werden sie auf niederdeutsch, also platt, hier genannt, die alten Hauszeichen, die vor allem auf dem Land Verwendung fanden, jedoch auch in Städten zu entdecken sind. Eine besonders schöne, ein dunkelrotes Quadrat mit goldener Inschrift ist etwa links auf dem ersten Querbalken am derzeit als ältesten Haus datierten Fachwerkgebäude in der Celler Altstadt zu sehen“, erzählt die versierte Celler Gästeführerin Anke Maecker. „Hausmarken waren ursprünglich wohl ein germanisches Sippensymbol“.

Auch im Mittelalter waren sie Bestandteil des täglichen Lebens und wurden als Eigentums- oder Sippenzeichen des freien Mannes und seiner Ehefrau genutzt für Gebäude und Hofanlagen, also vor allem für die unbeweglichen Habe, ebenso aber auch für Gerätschaften und Zubehör, um den Besitz kenntlich zu machen.

Hausmarken sind nicht mit Wappen zu verwechseln. Gleichwohl wurden sie auch als heraldische Symbole eingefügt oder als Wappenschild eingefasst. Auch sind sie nicht zu verwechseln mit Gilde- und Zunftzeichen, allerdings sind berufliche Zugehörigkeiten durchaus damit kombiniert.

Hausmarken entstanden wohl noch vor oder jedenfalls nahezu zeitgleich mit dem Namen. Die Verwendung derselben wurde streng geregelt. Die Nutzung war nur dem jeweils Ältesten einer Sippe gestattet. Sie wurde bei Besitzerwechsel innerhalb der Familien weitergegeben und je nachdem, wer nachfolgte, auch leicht verändert, etwa ein schräger Strich hinzugefügt, später auch mal ein Namenskürzel. Witwen indes blieb die weitere Nutzung, auch in veränderter Form, versagt. Durch die zunehmende Verbreitung der Schrift kam die Hausmarke auch immer häufiger auch Verwendung als Unterschrift unter Verträgen, denn die meisten Menschen konnten damals nicht schreiben. Sie wurden zunehmend auch in Petschaften (Siegelstempel) oder Siegelringe eingearbeitet.

„Sie waren sozusagen die Vorgängermodelle der Hausnummern, waren also nicht personengebunden, sondern, wie der Begriff schon ausdrückt, hausgebunden“, erklärt Anke Maecker weiter, „sie blieben bei Verkauf oder Verer-

Anke Maecker zeigt auf das Vorgängermodell der Hausnummer - eine seltene Hausmarke.

Historisches Eigentumszeichen eines freien Mannes in der Celler Altstadt

bung, etwa an nicht direkte Nachkommen oder Schwiegersöhne, bestehen und rechtswirksam. Für uns heute ist es kaum mehr vorstellbar, dass sich die Menschen früher dennoch in Städten orientieren konnten. Aber naja, meist kannte man sich ja ganz gut, zudem bekamen Häuser auch oftmals Namen".

Aber auch im Mittelalter wurden schon vereinzelt Häuser nummeriert, Paris machte dazu den Anfang, einige Zeit danach gefolgt von Augsburg. Preußens Kleinstädte zogen im frühen 18. Jahrhundert nach, um Militärquartiere deutlich zu kennzeichnen. Berlin selbst war allerdings nicht sehr fortschrittsorientiert, erst 1799 bekamen auch dort die Häuser ihre Nummern.

Es waren die Volkszählungen, die letztlich zu identifizierbaren Adressen führen sollten, und diese waren eigentlich nichts anderes als eine obrigkeitsorientierte Maßnahme, um eine staatliche Kontrolle über den bis dahin rein häuslichen Privatbereich zu erlangen, und zwar zur systematischen Generierung von Steuern, zur Rekrutierung wehrpflichtiger Männer fürs Militär – und zur Verbrechensbekämpfung.

Viele städtische Bürgerschaften indes standen den Nummern eher skeptisch gegenüber und entfernten sie wieder von den Fassaden. Aber die Hausnummern konnten nicht aufgehalten werden, gleich zwei Systeme setzen sich durch: Bei der sogenannten Konskriptionsnummer wurden die Häuser einer Stadt einfach durchnummeriert. Jedes neue, egal an welcher Stelle errichtete Haus, bekam die nächste fortlaufenden Nummer – nicht gerade sehr ordnungsorientiert. Irgendwann begann man damit, die Häuser entlang der Straßen nacheinander zu nummerieren. Hierzu gab es wiederum zwei Varianten, die Hufeisennummerierung, wie etwa in Preußen favorisiert und die Straße entlang und auf der anderen Seite wieder zurück, sowie die Orientierungsnummerierung, auch als Pariser System bezeichnet, da dort erstmals praktiziert. Hierbei bekommen die Häuser auf der rechte Straßenseite die geraden und auf der linken Seite die ungeraden Hausnummern. Aber wo ist denn dann rechts und links? Je nach Ausgangssituation kann das ja durchaus verschieden gesehen werden. Ganz einfach: Bei tangentialen Straßen muss es der Uhrzeigersinn richten. Bei radialen Straßen, also strahlenförmig vom Ortskern ausgehend, ist die Himmelsrichtung wegweisend und meistens die Nummerierung aufsteigend, das heißt also, die kleinste Nummer liegt am nächsten des Kerns, die größte am weitesten weg.

„Ein bisschen kompliziert“, lacht die Gästeführerin, „und gewiss nicht einheitlich allerorts festgelegt, und selbst hier in der Altstadt gibt es unterschiedliche Nummerierungssysteme, jedenfalls seit 1866 die Preußen hier das Zepter übernahmen und Celle eine Stadt in der neu gegründeten preußischen Provinz Hannover wurde.“

Übrigens stand Celle 80 Jahre lang unter preußischer Herrschaft. Erst mit der Bildung des Bundeslandes Niedersachsen durch die Vereinigung der bis dahin selbstständigen Länder Braunschweig, Hannover, Oldenburg und Schaumburg-Lippe am 1. November 1946 kam es unter eine neue Landesregierung.

So geht's zur Bumarke:

Das Haus steht in der Altstadt in der Straße Am Heiligen Kreuz 26, auf der Ecke zur Zöllnerstraße, die Bumarke befindet sich ganz links auf etwa 2,5 m Höhe an der Frontseite.

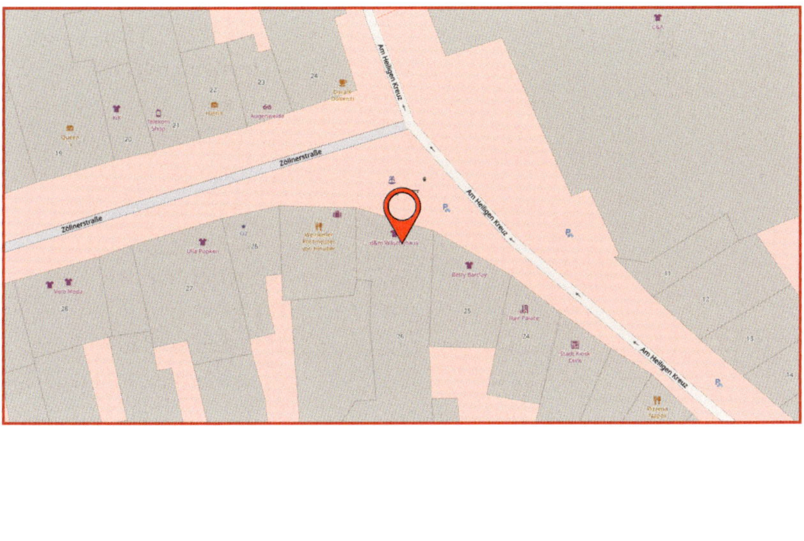

47

Reiherpfahl

Herzögliches Jagddenkmal

Als die Gemahlin des Celler Herzogs Christian Ludwig (1622-1665) bei ihrer ersten Reiherbeize im Jahr 1660 mithilfe eines Edelfalken einen Fischreiher gefangen hatte, war das für den Gatten genügend Anlass, seiner Dorothea von Schleswig-Holstein-Sonderburg-Glücksburg (1636-1689) zu Ehren einen steinernen Pfahl errichten zu lassen, der heute noch immer im Celler Stadtteil Altenhagen zu finden ist. Die etwa dreieinhalb Meter hohe Steinsäule zeigt das Monogramm CL mit Krone und die Inschriften *Im Monath Jvny 1650 ist der Anfang des Reyer-Havses zv bavwen gemacht. Ao 1653 haben sie zvm ersten gehecket als das Jahr 7 Ohar sowie Am 12. Marty Ao. 1660 haben ihr fürstl. Dvrchl. avf dieser Stete den ersten Reier gefangen.* Gemeint ist damit wohl der Jagderfolg der Herzogin.

> „Die Herzoginnen am Celler Hof galten als leidenschaftliche und erfolgreiche Falknerinnen.“

Er wirkt recht imposant, doch kann kaum jemand damit noch etwas anfangen oder gar die herzogliche Jagd damit in Verbindung bringen. Der sogenannte Reiherpfahl, dem als Denkmal eine sehr hohe kultur- und landesgeschichtliche Bedeutung zukommt, erinnert an den Standort der ersten Vogelzucht in der Gegend zwischen Celler Stadtteilen Altenhagen und Garßen. Als besonders edel galten dafür Reiher, Fasane, Trappen, Hühner, Gänse und Enten. Er steht zugleich aber auch für die besondere Jagdleidenschaft, die vor den adligen Damen in der Residenzstadt keineswegs Halt machte. Im Gegenteil: Die Herzoginnen am Celler Hof galten als leidenschaftliche und erfolgreiche Falknerinnen.

Diese besondere Form der Jagd, die als Beizjagd – beizen ist ein althochdeutsches Wort und bedeutet beißen – bezeichnet wird und unter Zuhilfenahme eines Falken oder eines anderen ausgebildeten Vogels wie etwa Adler, Habicht oder Bussard ausgeübt wurde, hat eine sehr alte Tradition, die bereits lange vor der christlichen Zeitrechnung besonders im

Erinnerung an eine besondere Form der Jagd- die sogenannte Reiherbeize.

asiatischen und arabischen Raum üblich war. Doch erst infolge der Kreuzzüge wurde sie in Europa bekannt und erlebte ab dem Mittelalter, als sich Friedrich II. von Hohenstaufen (1194-

Die Inschrift auf dem Reiherpfahl lässt sich mit ein bisschen Mühe entziffern.

1250) durch sein sechsbändiges Werk *De arte venandi cum avibus (Über die Kunst mit Vögeln zu jagen)* als Kenner derselben outete, eine lange anhaltende Blütezeit. Besonders der Adel machte sich nun diese Jagdform, ein „fürnemb Handwerk", als Sport der Könige und Vergnügungsart der Aristokratie zu Eigen und etablierte diese im höfischen Leben.

Bis Ende des 17. Jahrhunderts war die Beizjagd hierzulande fest etabliert, Berufsfalknern oblag die Hege. Dabei war die Jagd auf Graureiher ein besonderes Privileg. Der Jagdherr und seine Dame ritten dabei voran, was die ungeheure Bedeutung dieser Jagd als gesellschaftliches Ereignis am Hofe des regierenden Fürsten, der diese mit großem, materiellem Aufwand inszenierte, deutlich widerspiegelt.

Das Jagdgebiet des Celler Adels erstreckte sich einst kilometerweit in alle Himmelsrichtungen. Manche Höfe in der Umgebung bildeten eine extra für die Reiherbeize eingerichtete Kolonie mit teils über 6000 Nestern. Was das für die der städtische Bevölkerung geheißen haben muss, dürfte schnell erklärt sein: Reiher sind Fischräuber und die Fischbestände in den Teichen sanken rapide, zudem war die Gegend wohl, man muss es einfach so sagen, voller Vogelkot und allerorts also ziemlich verschissen. Es bedurfte entsprechender Anstrengung, um eine ausreichend große Population an Graureihern zu gewährleisten, um die Beizjagdbetrieb überhaupt zu ermöglichen, was die städtischen Behörden, wahrscheinlich mit sehr viel Missmut, zu dulden hatten. Dabei war die Reiherjagd keineswegs notwendig zur Nahrungsbeschaffung, sie diente lediglich der Zerstreuung. Die gefangenen Tiere bekamen, sofern sie die Beizattacke überlebten, was eigentlich erklärtes Zeil war, zur Markierung einen goldenen Ring um den Fuß gelegt und wurden danach wieder frei gelassen.

Der Reiherpfahl in Celle ist teils im Straßenpflaster eingemauert. Er wurde mehrfach versetzt und steht dort wohl ohne seinen ursprünglichen unteren Sockel, der mit dem oberen Abschluss einst fast identisch gewesen sein muss, so jedenfalls ist er auf alten Zeichnungen noch zu erkennen. Während der Zeit der französischen Besatzung zu Beginn des 19. Jahrhunderts wurde der steinerne Pfahl abgebaut und diente später als Toreinfahrt eines Bauernhofes, bis er schließlich wieder seiner eigentlichen Bestimmung als Denkmal zugeführt wurde.

Der Legende nach soll der Reiherpfahl heute Wünsche erfüllen, weswegen er mit zahlreichen kleinen Steinen überhäuft ist: Wirft man drei Steine von vorn hinauf und sie bleiben alle oben auf dem Kapitell liegen, wird ein besonderer Wunsch in Erfüllung gehen. Landet ein Stein rückwärts geworfen obendrauf, sollen erhoffte Liebesdinge gewährt werden.

So geht's zum Reiherpfahl:

Er befindet sich in der Lüneburger Heerstraße, Ecke Straße Am Reiherpfahl, stadtauswärts rechts.

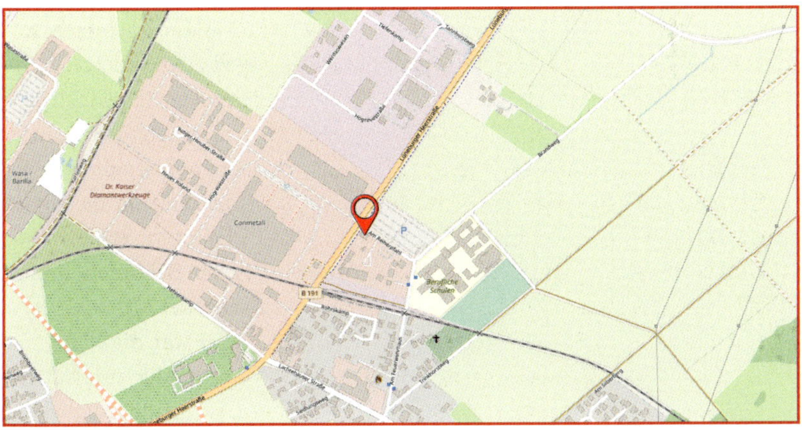

Plakette

Ein großer Dichter

Mitten in der Celler Altstadt ist es an einer Eingangstür zu entdecken, das kleine, fast unscheinbare Konterfei eines weit über die Grenzen des Landes hinaus bekannten Dichters: Arno Schmidt (1914-1979). Doch was hat ein derart berühmter Autor mit Celle zu tun? Ganz einfach: Er lebte von 1958 bis 1979 in Bargfeld, dem „Weimar der Heide", wie es hier so schön heißt, etwa 25 Kilometer nordostwärts im Landkreis Celle mitten in der Südheide gelegen.

Die betonfarbene und nicht mal eine Handbreit große Holzplakette ist an der Haustür einer Stiftung zu finden. Geschaffen hat sie der Celler Künstler und Stiftungsgründer Reinhard Möller (1952-2001), bekannter unter seinem Künstlernamen RWLE Möller. Er befasste sich intensiv mit seinem Kollegen Arno Schmidt, das bildnerische Werk Möllers weist einen nicht unerheblichen Umfang an Bildern auf, die heute in vielen öffentlichen und privaten Sammlungen zu finden sind, so auch etwa im Bomann-Museum in Celle und in der Arno-Schmidt-Stiftung in Bargfeld.

RWLE Möller liebte seine Stadt, in der er mittendrin groß wurde, dennoch nahm er in seinem literarischen Veröffentlichungen kritischen Bezug dazu, reflektierte den Umgang mit der NS-Zeit und den dazu vorherrschenden konservativen Zeitgeist, der bei der Obrigkeit seinerzeit dominierte. Er ließ dem Begriff Heimat dabei eine neue Bedeutung zukommen, die sich auch im Stiftungsgedanken wiederfindet – die Stiftung fördert heute unter anderem Publikationen zu Wissenschaft, Bildung, Erziehung, Kunst und Kultur und setzt dabei klare Schwerpunkte auf genau diesen kritischen Heimatgedanken. Sie vergibt Stipendien und gibt die Schriftenreihe „celler hefte" heraus.

„Manche sahen in ihm das öffentliche Gewissen der Stadt Celle", kann der Schriftsteller mit Celler Wurzeln, Oskar Ansull, dazu erklären, „denn RWLE Möller, der bereits als Jugendlicher zu schreiben begann, rüttelte auf, wagte Tabubrüche, legte den Finger gern in die Wunde der Stadt. Das gefiel nicht allen, schon gar nicht denen im Rathaus, politisch war er schnell unten durch."

Der Goethe-Preisträger Arno Schmidt gilt heute als einer der wichtigsten deutschen Literaten der Nachkriegszeit.

Und es sollte letztlich bis noch zum August 2018 dauern, bis ihm und seinem Oeuvre erstmals eine Ausstellung im örtlichen Museum gewidmet wurde – eine längst fällige Hommage an den facettenreichen und unangepassten Künstler, dessen hintergründige Bildkompositionen nun für endlich für ein interessiertes Publikum sichtbar wurden.

Arno Schmidts Nachlass wird heute von einer Stiftung in Bargfeld betreut. Diese wurde 1981 von seiner Witwe Alice und dem Publizisten Jan Philipp Reemtsma gegründet. Eines seiner wichtigsten Werke ist das 1970 erschienene Monumentalwerk „ZETTEL'S TRAUM“. Es gilt als eines der schwierigsten literarischen Werke in deutscher Sprache.

> „Den Texten werden viele Attribute zugeschrieben: sperrig, provozierend, verfremdend, befremdend, expressionistisch, exzentrisch, pessimistisch bis kritisch und stark politisch geprägt.“

Die Handlung spielt 1968 an einem beliebigen Tag ab vier Uhr in der Lüneburger Heide. Darin skizziert Arno Schmidt einen Ich-Erzähler und seine Besucher, wie sie einen Tag lang in der Heide spazieren gehen und mithilfe der Freud'schen Psychoanalyse den amerikanischen Schriftsteller Edgar Allan Poe unter die Lupe nehmen. Das Werk umfasst 1334 dreispaltig mit Schreibmaschine und von Hand beschriebene DIN-A3-Seiten und ist in acht Bücher unterteilt.

Als der gebürtige Hamburger Arno Otto Schmidt 1958 zusammen mit seiner Frau Alice nach Bargfeld zog, war er Mitte 40 und noch ziemlich mittellos. Er hatte bis dato unter anderem in Schlesien und Hessen gelebt, nach dem Abitur zunächst eine Lehre absolviert und unter anderem als Lagerbuchhalter gearbeitet. Im Zweiten Weltkrieg (1939-1945) war er als Soldat im Elsass und in Norwegen gewesen und hatte danach eine Zeit in britischer Kriegsgefangenschaft verbringen müssen. Eine Zeit als Dolmetscher schloss sich an.

„In Bargfeld widmete er sich beruflich nur noch der Schriftstellerei“, so Oskar Ansull zu seinem schreibenden Kollegen. „Das kinderlose Ehepaar lebte allerdings sehr bescheiden. Über die größte Not halfen Care-Pakete, die ihm seine Schwester regelmäßig aus den USA zuschickte.“

Den Wunsch seiner Ehefrau Alice nach eigener Berufstätigkeit lehnte der Schriftsteller strikt ab und erst das

Preisgeld für den Großen Akademie-Preis für Literatur der Mainzer Akademie sorgte für finanzielle Entspannung und einen kontinuierlicheren Geldfluss.

Arno Schmidt gilt heute als einer der wichtigsten deutschen Literaten nach dem Zweiten Weltkrieg. Seine Prosatexte umfassen unter anderem Erzählungen, Essays, Studien, Romane, Biografien und Übersetzungen. Fans schätzen darin seinen Witz und Wortreichtum, seine Widersacher indes betrachten den Goethe-Preisträger mitunter gern als widerborstig und rebellisch.

„Den Texten werden viele Attribute zugeschrieben: sperrig, provozierend, verfremdend, befremdend, expressionistisch, exzentrisch, pessimistisch bis kritisch und stark politisch geprägt", erklärt Ansull dazu, der heute seinen Lebensmittelpunkt in Berlin hat, „aber wer sich selbst ein Bild machen möchte, kann doch einfach mal in Bargfeld vorbeischauen, man sollte schließlich ja selbst urteilen dürfen."

Arno Schmidt verstarb am 3. Juni 1979 im Allgemeinen Krankenhaus in Celle infolge eines Gehirnschlags. Das hölzerne Konterfei erinnert ebenso wie der Arno-Schmidt-Platz vor der Stadtbibliothek an das Schaffen des großen Dichters der Südheide. Mit der Plakette aber hat der Celler Künstler RWLE Möller seinem so sehr verehrten Schriftstellerkollegen an der Haustür seines Elternhauses ein so liebevolles wie würdiges Denkmal gesetzt.

So geht's zur Plakette:

Sie befindet sich an der Haustür Zöllnerstraße 7.

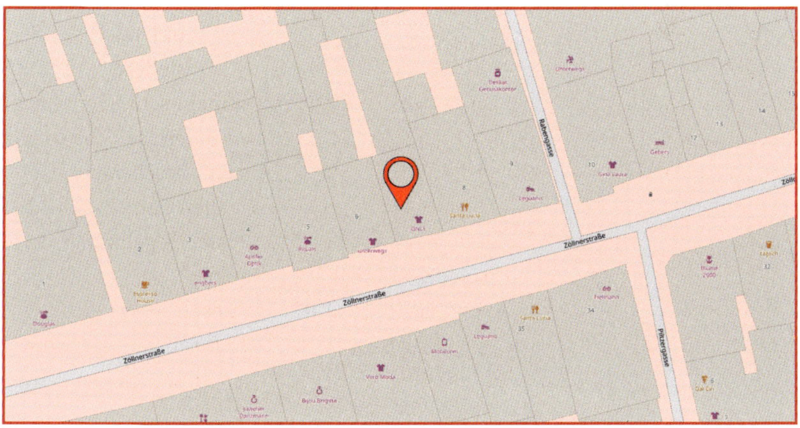

Langensalza

49

Denkmal

Welfenstolz in Stein

Die Welfen sind das älteste Adelsgeschlecht in Europa. Jahrhundertelang standen sie an der Spitze der Macht und verwalteten, vergrößerten und verteidigten ihre Territorien. Dann kamen Napoleon und schließlich das Schreckensjahr 1866: Die Preußen übernahmen das Zepter. Vorbei war's mit der Welfenherrschaft. Und das bis heute. Die Gästeführerin und Landschaftsplanerin Kerrit Riesbeck verweist dazu auf ein Denkmal im Französischen Garten in Celle: „Kaum jemand kennt hierzulande noch dessen Geschichte. Es erinnert an die schicksalshafte Schlacht bei Langensalza im Thüringischen, dem ersten größeren Gefecht auf westlichem Schauplatz während des Deutschen Krieges im Juni 1866." Hier standen preußische Truppen unter anderem den Soldaten des Königreiches Hannover unter der Führung von König Georg V. (1819-1878) gegenüber.

„Das Denkmal steht nicht nur für den Verlust der Welfenherrschaft, sondern auch für die Menschen, die infolge der Kriegshandlungen ihr – zumeist sehr junges – Leben verloren."

Die Hannöverschen trugen dabei den taktischen Sieg davon, mussten aber letztlich infolge der Umstände kapitulieren. Das Gebiet der Welfen – einst ein großes Fürstentum und beim Wiener Kongress zum Königreich Hannover ernannt – wurde annektiert und hörte somit auf zu existieren. Es wurde zur preußischen Provinz und ist heute ein Teil des Bundeslandes Niedersachsen.

Bald darauf taten sich einige besonders welfentreue Bürger der Stadt zusammen, um diesen für sie allzu schmerzlichen Fortgang der Geschichte zu dokumentieren: Sie ließen dafür das Langensalza-Denkmal anfertigen und übergaben selbiges als Stiftung an die Stadt, wo es im Jahr 1869 auch aufgestellt wurde. Der neuen preußischen Militärverwaltung indes war der Stein selbstredend ein Dorn im Auge – es

Ein Kriegsdenkmal, so die Gästeführerin Kerrit Riesbeck, erfordert kritische Auseinandersetzung, zugleich aber mahnt es uns an, für den Frieden einzustehen.

musste bald darauf wieder dem öffentlichen Raum verschwinden und wurde fortan in einem Privathaus eingelagert. Erst nach dem Ende des Kaiserreichs 1918 tauchte das Denkmal wieder auf und wurde erneut aufgestellt. Es wechselte im Laufe der Jahre noch mehrfach seinen Standort, bis es 1982 schließlich im Französischen Garten ein dauerhaftes Plätzchen fand. Bei der letzten Umsetzung bekam es als obere Abschlussfigur ein kleines springendes Pferd, ein Niedersachsenross, welches seitdem immer wieder mal entwendet wird.

„Das Denkmal steht nicht nur für den Verlust der Welfenherrschaft", so Kerrit Riesbeck, „sondern auch für die Menschen, die infolge der Kriegshandlungen ihr – zumeist sehr junges – Leben verloren." Darauf verweisen die eingravierten Namen der vielen Gefallenen, die den hiesigen Regimentern angehört hatten und sicherlich nicht alle freiwillig ihrem Dienstherrn in den Krieg gefolgt waren.

Die Auseinandersetzung mit Denkmälern, die den Krieg dokumentieren, ist derzeit so umstritten wie notwendig. Doch zugleich ermahnen diese, die Menschheit, und das ist ihr eigentliches Erbe, die richtigen Lehren daraus zu ziehen und sich stets für den Frieden einzusetzen. Denn dieser war weder früher selbstverständlich noch ist er es heute.

So geht's zum Denkmal:

Der Französische Garten befindet sich zwischen Südwall und Maulbeerallee.

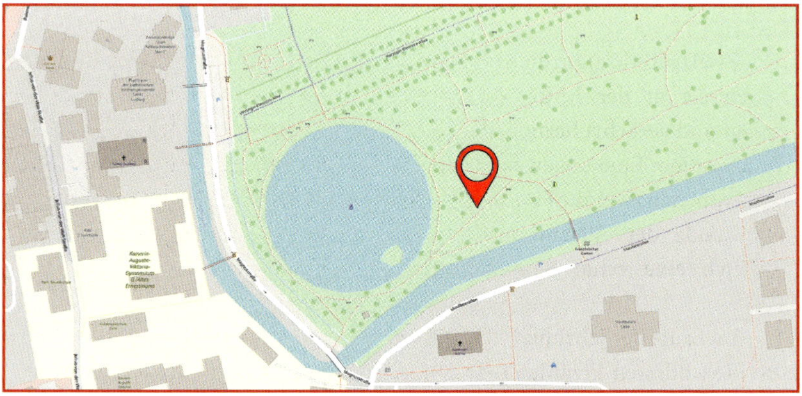

Diese besondere Zier an den sogenannten halben Häusern steht für sinnvolle Ressourcennutzung und Wiederverwertung von Materialien im 17. Jahrhundert.

Halbe Häuser

50

Vermeintliches Teufelswerk

Zwei halbe Häuser, die aussehen, als wären sie in der Mitte auseinander gesägt und verkehrt herum wieder verbaut worden: Eine ungewöhnlich Perspektive bieten zwei alte Fachwerkbauten am Rande der Altstadt – und sind zugleich eine echte Besonderheit in Celle.

Im Laufe der Jahrhunderte kursierten die wildesten Erzählungen um ihre Entstehung. Doch weder ein erbitterter Bruderzwist war für den Bau verantwortlich noch hatte dabei der Teufel die Finger im Spiel und zerspellte ein ganzes Haus in zwei Hälften, wie die Legenden heute noch Glauben machen möchten. Auch waren keine verwirrten Architekten am Werk.

Wir verdanken die sogenannten halben Häuser viel mehr dem Wunsch der damaligen Innenstadtbewohner, der Hofbediensteten und Bürger höheren Standes, nach mehr Prunk und

Mit goldenem Schleier und azurblauen Augen wacht vermutlich eine Begine – in Celle auch Süster genannt – über die Stadt.

Prestige. Als nämlich unter dem letzten Celler Herzog Georg Wilhelm (1624-1705) in der Barockzeit eine große Stadterweiterung begann und in der Westceller Vorstadt südlich und westlich des Schlosses ein schickes Palais nach dem anderen aus dem Boden schoss und sich dort bald barocke Pracht aufreihte wie an einer Perlenschnur, wollten auch die Bewohner in der Altstadt nicht nachstehen. Die Menschen schickten sich an, ihre Hofanlagen nach dem Vorbild der barocken Baukunst zu erweitern. Einige Häuser wurden dafür neu erbaut, andere, bereits bestehende Häuser, sozusagen barockisiert. In die tiefen Innenhöfe wurden dazu Querbauten eingezogen und die Hofeinfahrten damit auf ein eleganteres Maß verringert.

„Die einst eher großzügig angelegten Hofeinfahrten wurden von sogenannten Flankierbauten eingefasst – eben diesen halben Häusern", erklärt dazu die Stadtführerin Anke Maecker. „Das war eine interessante bauliche Möglichkeit, besonders schöne Einfahrten zu den Grundstücken zu schaffen. Dabei stehen sich zwei scheinbare Haushälften traufständig, also mit den Dachseiten, gegenüber. Die linke Hälfte steht dabei rechts, die rechte links an der Grenze der Einfahrt, welche genau dazwischen liegt. Die Giebelseiten indes zeigen jeweils zur Straße."

Neben verschiedenen figürlichen Darstellungen auf den Balken der Häuser ist ein Frauenporträt auf der rechten Hälfte einen etwas genaueren Blick wert. Goldener Schleier auf dem Haar, azurblaue, zum Himmel blickende Augen und wie zum Gebet gefaltete Hände. Niemand weiß, wer die Frau sein könnte oder wen sie darstellen mag.

Möglicherweise aber ist hier eine Begine abgebildet. Das Porträt stellt zweifelshohne ein ungewöhnliches Zeugnis einer kurzen Phase figürlichen Reliefschmucks aus der ersten Hälfte des 16. Jahrhunderts dar.

„Die Häuser mit den besonderen Verzierungen aus dieser Zeit erinnern jedoch nicht nur an das Wirken der hier als Süstern benannten Beginen, sondern stehen noch für etwas ganz anderes: sinnvolle Ressourcennutzung und Wiederverwertung von Materialien in der Barockzeit“, kann die Gästeführerin dazu weiter berichten. „Denn hieran ist schön zu sehen, dass der alte Balken einfach wiederverbaut wurde. Die Haushälften stammen aus der Zeit um 1700. Auch damals war Baumaterial offensichtlich schon teuer und gebrauchte Ware günstiger als Neuware. Die Nutzung von bereits bestehendem Material wird dabei deutlich.“

So geht's zu den halben Häusern:

Das Konterfei findet sich an der Bergstraße1b, zwei weitere halbe Häuser sind in der Schuhstraße 18.

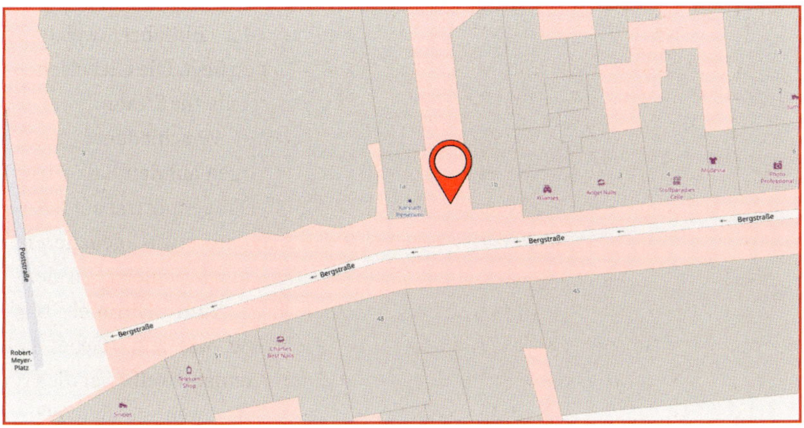

Quellen, Literatur, Bildnachweis

Altmann, Klaus: Die Celler Wasserversorgung. Von der Wasserkunst zum modernen Wasserwerk, Celle 1981.

Ansull, Oskar: Heimat schöne Fremde. Celle Stadt & Land. Eine literarische Sichtung, Hannover 2019.

Arno Schmidt Stiftung: URL: https://www.arno-schmidt-stiftung.de/home.html. Abgerufen am 15.05.2023.

Aschhoff, Hans-Georg: Die Welfen. Von der Reformation bis 1918. Urban Taschenbücher Bd. 649, Stuttgart 2010.

Atkinson, Catherine: Celle, Eine wehrhafte Stadt. Ausgrabungen an der ehemaligen Stadtbefestigung vor dem Hintergrund der frühneuzeitlichen Festungsgeschichte, Celle 1989.

Bäckereimuseum: URL: http://baeckereimuseum-merkur.de/Seiten/baeckerwappen.html. Abgerufen am 14.05.2023.

Barth-Celle: URL: https://www.barth-celle.de/hochwasser.html. Abgerufen am 31.05.2023.

Barth-Celle: https://www.barth-celle.de/index.html. Abgerufen am 12.05.2023.

Behrens, Andreas: Bürgerstolz und Künstlerkreis. Materialien zur Astrologie in der bildenden Kunst und Baukunst zur Renaissancezeit, PDF unveröffentlicht, Celle 2022.

Bellersen Quirini, Cosima: 100 besondere Orte im Cellerland, Celle 2014.

Bellersen Quirini, Cosima: „Eine solche Anstalt in Unser Stadt Zelle“. Aspekte zur Kulturgeschichte von Schwangerschaft und Geburt in der niedersächsischen Stadt Celle, pdf, Celle 2023.

Bertram, Mijndert: Das Königreich Hannover: Kleine Geschichte eines vergangenen deutschen Staates, Hannover 2003.

Beyse, Rudolf: Bäume aus aller Welt in der Parks der Stadt Celle, Celle 2006.

Bigalke, Hans-Günther: Fachwerkhäuser. Verzierungen an niederdeutschen Fachwerkbauten und ihre Entwicklung in Celle, Hannover 2000.

Bodemann, Eduard (Hg.): Briefe der Kurfürstin Sophie von Hannover an die Raugräfinnen Und Raugrafen zu Pfalz, Hannover 1891, Neudruck Hildesheim 2003.

Boehn, Otto von: Das Celler Rathaus. Ein Führer durch die bau- und kulturgeschichtliche Entwicklung, Bomann-Archiv, Celler Beiträge zur Landes- und Kulturgeschichte, Heft 2 - 1954, Celle 1954.

Briefmarkenclub Burgdorf: URL: https://briefmarkenclub-burgdorf.com/.cm4all/uproc.php/0/Formulare/Postwesen_Celle.pdf?cdp=a&_=179a43f299b. Abgerufen am 23.03.2023.

Celle.de: URL: https://www.celle.de/Celle-entdecken/Sehenswürdigkeiten/Denkmäler/Langensalza-Denkmal.php?

object=tx,2727.5&ModID=7&FID=2092.90.1&NavID=2727.43&La=1. Abgerufen am 30.05.2023.

Cellesche Zeitung: https://www.cz.de/Celle/Aus-der-Stadt/Celle-Stadt/Tulpen-Metropole-Celle-Warten-auf-das-gelbe-Wunder. Abgerufen am 01.05.2023.

Cordes, Herrmann (Hg.): Naturschutzgebiet Lüneburger Heide. Geschichte – Ökologie – Naturschutz. Hauschild, Bremen 1997.

Denkmalatlas Niedersachsen: URL: https://denkmalatlas.niedersachsen.de/viewer/metadata/34382278/1/-/. Abgerufen am 03.03.2023.

Diederichs, Hans: Aufbau und Zerfall der braunschweig-lüneburgischen Gesamtpost (1635-1738). In: Deutscher Altbriefsammler-Verein e.V. (Hg.): Heft 161-Dezemeber 2005, Hamburg 2005.

Ellersiek, Christa & Becker, Wolfgang: Das Celler Loch. Die Hintergründe der Aktion Feuerzauber, Hamburg 1987.

Fischer, Gernot: Celler Baudenkmale, Celle 2000.

Friedrich, Florian: Celler Kulturlandschaften, Rundgänge durch die Geschichte, Erfurt 2006.

Galler, Christopher Manuel: Die Spinnhütte Celle im Nationalsozialismus. Arbeit und Rüstungswirtschaft in einem Musterbetrieb von 1934 bis 1945, Bielefeld 2012.

Geckler, Christa: Die Celler Herzöge, Leben und Wirken. Zeitgeschichte 1371-1705, Celle 1986.

Graupner, Armin: Raseneisenstein in Niedersachsen. Entstehung, Vorkommen, Zusammensetzung und Verwendung, Forschungen zur niedersächsischen Landeskunde an der Universität Göttingen, Band 118, Göttingen 1982.

Geoenergy-Celle: URL: https://www.geoenergy-celle.de/projekte/regionale-projekte/geothermiepfad.html. Abgerufen am 25.05.2023.

Hachmeister, Lutz: Hannover. Ein deutsches Machtzentrum, München 2016.

Hafner Georg M. & Jacoby, Edmund (Hg.): Die Skandale der Republik, Hamburg 1992.

Hartmann, Jasmin-Bianca, RWLE Möller Stiftung (Hg.): RWLE Möller: Künstler 1952–2001. Ausstellungskatalog, Berlin 2018.

Hoffmann, Dietrich: Die Erdölgewinnung in Norddeutschland. Von den Anfängen vor über 400 Jahren bis heute, Hamburg 1970.

Huthskaffee: URL: https://huthskaffee.de/Wir-ueber-uns/. Abgerufen am 24.04.2023.

Grüntjes, Theo & Ende, Michael: Heideland. Natur in Sand, Wald und Moor, Uelzen 2016.

Jens, Günter: Der Bau von Fischwegen. Fischtreppen, Aalleitern und Fischschleusen, Hamburg 1982.

Katholische.de: URL: https://www.katholisch.de/artikel/13098-der-heilige-ausguss. Abgerufen am 22.10.2022.

Kunst Celle: URL: https://kunst.celle.de/

Sammlung/Timm-Ulrichs-/. Abgerufen am 01.05.2023.

Labouvie, Eva: Andere Umstände. Eine Kulturgeschichte der Geburt, 1998, Köln/Weimar/Wien 1998.

Landkreis Celle (Hg.): Der Speicher, Faßberg 1978.

Laves Institut für Bienenkunde/ Niedersächsisches Ministerium für Ernährung, Landwirtschaft, Verbraucherschutz und Landesentwicklung (Hg.): Honigbienen und Imkerei in Niedersachsen, Hannover 2012.

Lelgemann, Dieter: Gauß und die Messkunst, Darmstadt 2011.

Leonhard, Walter: Das große Buch der Wappenkunst. Entwicklung, Elemente, Bildmotive, Gestaltung, München 1978.

Maehnert, Carsten: Geschichte des Celler Friseurhandwerks. Bader, Barbiere, Perückenmacher und Friseure im Wandel der Zeit, Schriftenreihe des Bomann-Museum und Stadtarchiv Celle, Celler Beiträge zur Lands- und Kulturgeschichte, Heft 13, Celle.

Mania, Hubert: Gauß. Eine Biografie, Reinbek 2008.

MHH: URL: https://www.mhh.de/institute-zentren-forschungseinrichtungen/institut-fuer-funktionelle-und-angewandte-anatomie/trauerfeier-und-grabstelle. Abgerufen am 22.03.2023.

NLWKN: URL: https://www.nlwkn.niedersachsen.de/naturschutz/schutzgebiete/die_einzelnen_naturschutzgebiete/naturschutzgebiet-henneckenmoor-bei-scheuen-167952.html. Abgerufen am 06.06.2023.

Möller, RWLE; Polster, Bernd: Celle, das Stadtbuch, Bonn 2003.

Noelkefisch: www.noelkesfisch.de. Abgerufen am 31.05.2023.

Oelker, Simone: Otto Haesler, Eine Architektenkarriere in der Weimarer Republik, München 2002.

Otto, Julia Dr. Kunstmuseum Celle, Texte, Worddatei o.O. & D

Rüsch, Eckhart: Das unbekannte Celle. Hinter den Fassaden der Fachwerkstadt, IGB-Beiträge zu Hauslandschaften Band 2, Lilienthal 2011.

Rüggeberg, Helmut, Geschichte der Stadt Celle im Rahmen der Niedersächsischen Landesgeschichte, Celle 2007.

Stadtsanierung Celle: URL: https://stadtsanierung-celle.de/Altstadt/Sanierung/. Abgerufen am 25.05.2023.

Die Kunstdenkmäler der Provinz Hannover. Stadt Celle, Celle 1937.

Schlumbohm, Jürgen & Wiesemann, Claudia (Hg.): Die Entstehung der Geburtsklinik in Deutschland 1751-1850. Göttingen, Kassel, Braunschweig, Göttingen 2001

Schnurr, Ansgar: Über das Werk von Timm Ulrichs und den künstlerischen Witz als Erkenntnisform. Analyse eines pointierten Vermittlungs- und Erfahrungsmodells im Kontext ästhetischer Bildung, Norderstedt, 2009.

Schumacher, Angela: Otto Haesler und der Wohnungsbau in der Weimarer Republik. Kulturwissenschaftliche

Reihe, Band 1, Marburg 1982.

Schwarzkopf, Margarete von: Der Traum vom Weltreich. Geschichte und Geschichten zur Personalunion Hannover - England 1714 bis 1837, Hannover 2014.

Suelze.org: URL: https://www.suelze.org/freizeit-und-tourismus/salinenmuseum/. Abgerufen am 10.05.2023.

Stadt Celle (Hg.): Jagd in der Lüneburger Heide. Beiträge zur Jagdgeschichte. Begleitpublikation zur Ausstellung, Celle 2007.

Tanner, Anton: Die Hausmarke. Eine Geschichte von Ordnung und Unordnung; Marburg 2007.

Theiss, August: Die Geschichte der Saline zu Sülze, Peine 1979.

Torge, Wolfgang: Geschichte der Geodäsie in Deutschland, Berlin 2012.

Veh, Gerhard M. & Rapsch, Hans-Jürgen (Hg.): Von Brunnen und Zucken, Pipen und Wasserkünsten: Die Entwicklung der Wasserversorgung in Niedersachsen, Neumünster 1998.

Werner, Alex: Die Ausspannwirtschaften in der Altstadt von Celle, Celle 1989.

Wohlgemuth, John Oliver & Kaiser, Thomas: Die Wilde Tulpe (Tulipa sylvestris L.) im Raum Celle – Biotopbindung und Verbreitungsbild eines Neophyten, Braunschweiger Geobotanische Arbeiten, 9: 491-497. März 2008, Braunschweig 2008.

Wolf, Lieselotte: Celles alte Fachwerkhäuser, Celle, o.D.

Zeyen, Tigo Zeyen & Anne, Weber-Ploemacher (Hg.): 100 hannoversche Köpfe, Hameln 2006.

Bildnachweis

Cover: Adobe Stock

S. 7 Cellesche Zeitung

Haftungsausschluss

SIE WOLLEN NOCH MEHR ÜBER

Celle

WISSEN?

Hier gibt es sachkundige Informationen:

Bomann-Museum Celle
In sieben modern gestalteten Ausstellungsbereichen wird die Kulturgeschichte von Stadt und Region ansprechend und unterhaltsam dargestellt. Darüber hinaus zeigt das Museum jährlich mehrere kulturgeschichtliche und historische Sonderausstellungen.
Schlossplatz 7
29221 Celle
Telefon: 05141 / 124555
E-Mail: bomann-museum@celle.de
Homepage: www.bomann-museum.de
Öffnungszeiten: Di.–So. 11–17Uhr

Ulrike Eggers
Die Gästeführerin in Celle und Umgebung lädt Besucher zu einer Entdeckungsreise durch die Altstadt oder ins grüne Umland ein. Im Stadtgebiet ist viel Geschichte und viel Kurioses zu finden. Im Umland stehen die Besonderheiten der südlichen Lüneburger Heide, die Bodenschätze und die Wirtschaftskraft längst vergangener Zeiten neben der bezaubernden Landschaft im Vordergrund.
Touren sind zu Fuß oder mit dem Rad möglich.
Telefon: 0170 / 7305419
E-Mail: eggers-celle@t-online.de

Florian Friedrich
Der Autor und Kulturlandschaftsforscher aus Celle recherchiert vor allem zur historischen Kulturlandschaft der alten Residenzstadt, hat bereits zum Thema veröffentlicht und bietet Führungen an.
Homepage:
www.friedrich-kulturlandschaft.de

Kunstmuseum Celle mit Sammlung Robert Simon
Das Kunstmuseum Celle ist das erste 24-Stunden-Kunstmuseum der Welt. Es bietet am Tag und bei Nacht Begegnungen mit moderner und zeitgenössischer Kunst: tagsüber ganz klassisch im Innenraum, nachts ohne Eintritt und von außen.
Zu den Künstlern der Sammlung gehören neben Timm Ulrichs unter anderem Joseph Beuys, Ben Willikens, Dieter Krieg, Otto Piene, Mischa Kuball, Brigitte Kowanz und Jan van Munster.
Als eines von wenigen Häusern ist das Kunstmuseum Celle spezialisiert auf internationale Lichtkunst, zum Bestand gehört eine der größten Lichtkunst-Sammlungen im deutschsprachigen Raum.
Alle zwei Jahre wird hier der Deutsche Lichtkunstpreis verliehen.
Schlossplatz 7
29221 Celle

Telefon: 05141 / 12 45 21
E-Mail: kunstmuseum@celle.de
Homepage: www.kunst.celle.de
Öffnungszeiten:
Di.-So.: 11-17 Uhr (am Tag | von innen)
Täglich 17–11 Uhr (bei Nacht | von außen)

Cosima Bellersen Quirini
Stadtspaziergänge in der Celler Altstadt mit der Autorin dieses Buches sind hier zu buchen: Geheimnisse in der Celler Altstadt direkt vor Ort entdecken? Nichts einfacher als das! Buchen Sie einen Stadtspaziergang hier:
Telefon: 0177 / 4342 882
Email: quirini@googlemail.com
weitere Infos unter:
Homepage: www.cos21.de.

Klaus Waschkewitz
Zertifizierter Gästeführer
Informative Führungen durch die mittelalterliche Innenstadt von Celle mit ihren rund 500 Fachwerk häusern oder eine Führung durch das geschichtsträchtige Welfenschloss.
Die „Celler Kriminaltour“ bietet Einblicke in die Welt des Verbrechens mit spannenden und teils gruseligen Kriminalfällen.
Honemannstr. 10,
29229 Celle
Telefon: 0175 / 3836362
E-Mail: klaus.waschkewitz@gmx.de
Homepage:
www.gaestefuehrungen-celle.de und:
www.die-gästeführer.de

Publikationen:

Bellersen Quirini, Cosima: 100 besondere Orte in Celle, Celle 2015.

Bellersen Quirini, Cosima: 100 weitere besondere Orte in Celle, Celle 2016.

Bellersen Quirini, Cosima: 100 besondere Orte im Cellerland, Celle 2014.

Bellersen Quirini, Cosima: 100 besondere Persönlichkeiten in Celle und dem Cellerland, Celle 2020.

Bellersen Quirini, Cosima: Niedersachsen erlesen! Eine literarische Schatzsuche, Meßkirch 2022.

Bellersen Quirini, Cosima: Frauenspuren in Niedersachsen, Meßkirch 2020.

Friedrich, Florian: Das Celler Land – eine nostalgische Bilderreise, Erfurt. 2019.

Friedrich, Florian: Celle an einem Tag – Ein Stadtrundgang, Leipzig. 2019.

WEITERE

Geheimnisse der Heimat

aus der Umgebung:

DIE

Geheimnisse der Heimat

GIBT ES JETZT NEU IN ...

Koblenz

Braunschweig Band 2

Ulm

Seit 2011 haben wir über 80 „Geheimnisse"-Titel produziert.
Alle Städte finden Sie unter www.bast-medien.de

Besuchen Sie uns im Internet: **www.bast-medien.de**

EVA-MARIA BAST | GEORG RUPPELT
Braunschweiger
Geheimnisse
50 SPANNENDE GESCHICHTEN AUS
DER LÖWENSTADT
BRAUNSCHWEIGER
ZEITUNG
AUS DER PREISGEKRÖNTEN BUCHREIHE
Geheimnisse der Heimat